主　　编　孙晓勇　国家法官学院院长

最高人民法院司法案例研究院院长

副 主 编　彭永和　最高人民法院司法案例研究院副院长

刘　畅　最高人民法院司法案例研究院规划部主任

黄　斌　国家法官学院科研部负责人

主编助理　边疆戈　国家法官学院科研部编辑

赵文轩　最高人民法院司法案例研究院规划部编辑

刘丽媛　最高人民法院司法案例研究院规划部编辑

《中国法院年度案例》编辑人员（按姓氏笔画）

刘　畅　朱建伟　朱　琳　李晓果　杨小利

罗胜华　胡　岩　赵文轩　唐世银　袁登明

曹海荣　梁　欣　程　瑛

本书编审人员　梁　欣

中国法院

2021年度案例

国家法官学院
最高人民法院司法案例研究院◎编

刑事案例一

（犯罪、刑罚的具体运用、证据、程序及其他）

中国法制出版社
CHINA LEGAL PUBLISHING HOUSE

《中国法院年度案例》通讯编辑名单

序

党的十八大以来，以习近平同志为核心的党中央高度重视法治在推进国家治理体系和治理能力现代化中的重要作用，中央全面依法治国工作会议更是明确习近平法治思想在全面依法治国中的指导地位，为全面依法治国提供了根本遵循和行动指南。近年来，人民法院始终将加强司法案例研究作为推进全面依法治国的重要途径，通过发布具有普遍指导意义的典型案例，统一法律适用、提高审判质量，不断推进人民法院严格公正司法。《中国法院年度案例》丛书，旨在完善中国特色案例指导制度，总结提炼典型案例的裁判规则和裁判方法，发挥司法规范、指导、评价、引领的重要作用，大力弘扬社会主义核心价值观，增强全民法治意识和法治素养，展现新时代我国法治建设新成就。

《中国法院年度案例》丛书自2012年编辑出版以来，已连续出版9套，受到读者广泛好评。近年来，为更加全面地反映我国司法审判执行工作的发展进程，顺应审判执行实践需要，响应读者需求，丛书2014年度新增金融纠纷、行政纠纷、刑事案例3个分册，2015年度将刑事案例调整为刑法总则案例、刑法分则案例2个分册，2016年度新增知识产权纠纷分册，2017年度新增执行案例分册，2018年度将刑事案例扩充为4个分册。自2020年起，丛书由国家法官学院与最高人民法院司法案例研究院共同编辑，每年年初定期出版。在全国各级人民法院的大力支持下，丛书编委会现编辑出版《中国法院2021年度案例》系列丛书，共23册。

《中国法院年度案例》丛书以开放务实的态度、简洁明快的风格，在编辑中坚持以下方法，努力把案例书籍变得“好读有用”：一是高度提炼案例内容，控制案例篇幅，每个案例基本在3000字以内；二是突出争议焦点，剔除无效信息，尽可能在有限的篇幅内为读者提供有效、有益的信息；三是注重对裁判文书的再加工，大多数案例由案件的主审法官撰写“法官后语”，高度提炼、总结案例的指导价值，力求引发读者思考，为司法工作提供借鉴，为法学研究提供启迪。

《中国法院年度案例》丛书编辑工作坚持以下原则：一是广泛选编案例。国家法官学院和最高人民法院司法案例研究院每年通过各高级人民法院从全国各地法院汇集上一年度审结的典型案例近万件，使该丛书有广泛的精选基础，优中选优，可提供给读者新近发生的全国各地多种类型的典型性案例。二是方便读者检索。为体现以读者为本，丛书分卷细化，每卷下还将案例主要根据案由分类编排，每个案例用一句话概括裁判规则、裁判思路或焦点问题作为主标题，让读者一目了然，迅速找到目标案例。

中国法制出版社始终全力支持《中国法院年度案例》丛书的出版，给了作者和编辑们巨大的鼓励。2021年，丛书将继续提供数据库增值服务。购买本书，扫描前勒口二维码，即可在本年度免费查阅往年同类案例数据库。我们在此谨表谢忱，并希望通过共同努力，逐步完善，做得更好，真正探索出一条编辑案例书籍、挖掘案例价值的新路，更好地服务社会主义法治国家建设、服务法治社会建设、服务学习研究法律的读者。

《中国法院年度案例》丛书既是法官、检察官、律师等法律工作者的办案参考和司法人员培训的实用教材，也是社会大众学法用法的经典案例读本，同时是教学科研机构案例研究的良好系列素材。当然，案例作者和编辑在编写过程中也难以一步到位实现最初的编写愿望，客观上会存在各种不足甚至错误，欢迎读者批评指正。我们愿听取各方建议，不断扩宽深化司法案例研究领域，实现中国特色案例研究事业的新发展。

国家法官学院

最高人民法院司法案例研究院

2021年2月22日

目　录

Contents

一、犯　罪

（一）犯罪与刑事责任

（二）共同犯罪

（三）罪数形态

二、刑罚的具体运用

（一）量刑

三、刑事证据

四、程序及其他

附录：

一、犯　罪

（一）犯罪与刑事责任

1

参选村主任期间收取贿赂并承诺将为之谋取利益，当选后履行承诺，可构成受贿

——颜某秋强迫交易、职务侵占、非国家工作人员受贿案

【案件基本信息】

1. 裁判书字号

福建省厦门市中级人民法院（2019）闽02刑终152号刑事裁定书

2. 案由：强迫交易罪、职务侵占罪、非国家工作人员受贿罪

【基本案情】

福建省厦门市海沧区人民法院经公开审理查明：

一、强迫交易罪、职务侵占罪

2010年4月，青新隧道工程开始阶段，被告人颜某秋与颜某甲（已另案处理）为了谋取该工程的地材供应权和洞渣所有权，带领颜某乙等人阻挠施工，逼迫施工单位将工程地材项目交与颜某甲和颜某秋，逼迫施工单位商请政府部门协调处理洞渣处理权。颜某秋以自己实际经营的某劳务队名义与中铁电气化局集团有限公司签订地材协议，后颜某甲实际操纵地材供应。2011年至2015年，施工方先后向颜某

甲及其指定的账户支付地材款共计107.7707万元。

被告人颜某秋未如实向村两委通报区政府专题会议情况，利用担任村委会主任的职务便利，私自以村委会名义出具介绍信，以其实际控制的某劳务队承接处理该洞渣，并与颜某甲共同出售洞渣牟利，其中部分洞渣出售给颜某丙并共同获利150余万元，被告人颜某秋另从颜某甲处共分得洞渣出售款项49万余元。

二、非国家工作人员受贿罪

被告人颜某秋在担任海沧区青礁村村委会主任期间，利用职务便利，非法收受他人财物共计49万元，并为他人谋利。具体如下：

1. 2009年8月，被告人颜某秋和村民颜某丙达成协议，约定由颜某丙出资帮助颜某秋竞选青礁村村委会主任，颜某秋则需在当选后，利用村委会主任身份关照颜某丙的生意。之后，被告人颜某秋收受了颜某丙现金30万元。被告人颜某秋当选后，将其侵吞的青新隧道洞渣出售给颜某丙，颜某丙将洞渣进行破碎加工后出售谋利。

2. 2009年8月，被告人颜某秋以上述方式收受了颜某甲给予的现金10万元。被告人颜某秋当选后，伙同颜某甲强揽地材生意、侵吞青新隧道洞渣。

3. 2016年，被告人颜某秋应村民郭某请托，利用其担任村委会主任的便利，以村委会名义推荐郭某参与青礁村棣仔社环社道路建设工程招投标。中标后，被告人颜某秋收受郭某为表示感谢送予的现金6万元。

4. 2017年以来，被告人颜某秋以上述方式收受颜某丁现金2万元。

5. 2017年6月、7月份，被告人颜某秋以上述方式收受颜某戊现金1万元。

【案件焦点】

被告人在竞选村主任期间，收取他人贿赂，并承诺当选后利用村主任职务便利为之谋取利益，当选后履行先前承诺，是否属于权钱交易，是否应以非国家工作人员受贿罪定罪处罚。

【法院裁判要旨】

福建省厦门市海沧区人民法院经审理认为：被告人颜某秋身为村委会主任，与领导黑社会性质组织的颜某甲勾结，以威胁等手段，向他人强卖商品，交易金额达人民币107万余元，情节特别严重，其行为已构成强迫交易罪。被告人颜某秋利用担任村委会主任的职务便利，与颜某甲共同侵吞村集体财产，价值人民币481万余元，数额巨大，其行为已构成职务侵占罪。被告人颜某秋利用担任村委会主任的职务便利，收受颜某甲等人财物，为他人谋取利益，价值共计人民币49万元，数额较大，其行为已构成非国家工作人员受贿罪。本案强迫交易、职务侵占部分系共同犯罪。被告人颜某秋一人犯数罪，依法应数罪并罚。被告人颜某秋自动投案，如实供述自己的罪行，系自首，依法可从轻处罚。

福建省厦门市海沧区人民法院依照《中华人民共和国刑法》第二百二十六条、第二百七十一条第一款、第一百六十三条第一款、第二十五条、第六十九条、第六十七条第一款、第六十四条及《最高人民法院、最高人民检察院关于办理贪污贿赂刑事案件适用法律若干问题的解释》第十一条第一款，作出如下判决：

一、颜某秋犯强迫交易罪，判处有期徒刑三年，并处罚金人民币3万元，犯职务侵占罪，判处有期徒刑五年六个月，并处没收个人财产人民币35万元，犯非国家工作人员受贿罪，判处有期徒刑一年八个月。数罪并罚，决定执行有期徒刑八年九个月，并处罚金人民币3万元、没收个人财产35万元；

二、责令颜某秋与颜某甲共同退赔被害单位海沧区青礁村民委员会人民币4815960元。厦门市海沧区监察委员会扣押的闽DRZ×××大众途观轿车一辆，用于执行颜某秋的退赔责任；

三、继续向颜某秋追缴受贿所得赃款人民币40万元、向行贿人郭某追缴行贿款人民币6万元、向行贿人颜某订追缴行贿款人民币2万元、向行贿人颜某戊追缴行贿款人民币1万元，上缴国库。

颜某秋提起上诉至福建省厦门市中级人民法院。二审法院同意一审法院裁判意见，判决：驳回上诉，维持原判。

【法官后语】

被告人颜某秋接受二人出资帮助竞选村主任，承诺在当选后，关照二人生意的行为是否构成非国家人员受贿罪？一种观点认为，被告人颜某秋在接受财物时并不具有村主任的身份，无法利用与村主任的有关职权为二人谋取利益，不构成非国家人员受贿罪。另一种观点认为，被告人颜某秋接受二人的财物虽是在竞选期间，但在当选后实际履行了承诺，属于利用职务便利为之谋取利益，可以构成非国家人员受贿罪。我们同意第二种观点，理由如下：

首先，行贿人对颜某秋当选村主任有现实预期。二行贿人实际看中的是颜某秋竞选村主任成功后的职权，虽然颜某秋在竞选时还不具备就任的必然性，但是其具有就任的可能性，而且二行贿人也明知在竞选时给予颜某秋的钱款是用于资助其选举，即颜某秋的当选具有现实可能性。

其次，款项的性质明确。如果行为人明知他人就其职务行为进行请托而收受其财物，并承诺、着手或者实际为他人谋取利益，应当认定其具有受贿故意、构成受贿罪。钱款于颜某秋竞选期间送予，具有明确的指向性，双方钱款交付性质可以排除合理怀疑，属于贿赂款并无争议。

最后，实际为行贿人谋取利益。颜某秋参与竞选村主任期间，收取二人贿赂，并承诺当选后利用村主任职务便利为之谋取利益，在颜某秋担任村主任后，其利用职务之便，关照二人的生意，实际履行了先前的承诺，本质上具有权钱交易性质，应当以非国家工作人员受贿罪定罪处罚。

对于职务犯罪的认定，是否利用职务便利是重要的判断依据，也是该类犯罪的本质特征。本案的特殊性在于，颜某秋收钱行为在先，利用职务便利行为在后，形成了时空上的分离，其将未来可能取得职权进行了“预售”。从文意解释上看，“利用职务之便”通常是指利用现在的职务之便，但我们认为可以对此进行适当的扩大解释，将其扩大至未来可期的职务之便。选举前受贿对职务行为的不可收买性造成了严重的危害，如果不对此类行为进行规制，必将产生不良的示范效应，催生大量的村支书候选人选举前索贿、受贿，继而导致更多的“贿选”现象，极大危害基层自治制度。

编写人：福建省厦门市海沧区人民法院　苏桔海　陈芳序

2

出租车司机为泄私愤殴打乘客，被挂靠公司是否承担民事赔偿责任

——蔚某华故意伤害案

【案件基本信息】

1. 裁判书字号

福建省厦门市中级人民法院（2019）闽02刑终209号刑事裁定书

2. 案由：故意伤害罪

【基本案情】

福建省厦门市海沧区人民法院经公开审理查明：2018年4月10日20时许，被告人蔚某华驾驶闽DTK×××号出租车在厦门市海沧区马青路石塘公交车站搭载被害人蔚某仙至海沧区新垵村立鼎光电园附近，双方因车资发生纠纷，被告人蔚某华遂驾驶出租车将被害人蔚某仙载回海沧区海沧大桥往马青路下桥路段，后强行将被害人蔚某仙从副驾驶座拉下车，并对被害人蔚某仙拳打脚踢，致被害人蔚某仙左侧第3、7肋骨骨折，身体多处受伤。经鉴定，被害人蔚某仙左侧第3、7肋骨各一处骨折，评定为轻伤二级；外伤致右颧部擦伤面积在2.0cm^2以上，颈部划伤长度累计长5.7cm，右膝关节内侧副韧带损伤，右侧股骨下段骨挫伤，评定为轻微伤，蔚某仙的伤情综合评定为轻伤二级。案发后，被害人蔚某仙报警，蔚某华离开现场。同日，民警电话联系被告人蔚某华所在的厦门特运顺联公共交通有限公司通知蔚某华接受调查。次日，被告人蔚某华至公安机关接受调查，其如实供述上述主要犯罪事实，并已赔偿被害人蔚某仙5000元。

另查明：原告人蔚某仙因伤住院期间花费7803.41元。经福建义成司法鉴定所鉴定，蔚某仙伤后误工期120日，鉴定费用为800元。

蔚某仙于2017年7月1日在海沧公安分局办理居住证，2018年3月23日办理福建省从业人员预防性健康检查合格证明，从事外卖配送服务。闽DTK×××号出租车系挂靠厦门特运顺联公共交通有限公司经营，蔚某华系该车驾驶员。

【案件焦点】

1. 挂靠公司经营的出租车司机对乘客实施故意伤害行为，是否属于“用人单位的工作人员因执行工作任务造成他人损害”；2. 公司是否承担民事赔偿责任或连带赔偿责任。

【法院裁判要旨】

福建省厦门市海沧区人民法院经审理认为：被告人蔚某华故意伤害他人身体，致一人轻伤，其行为已构成故意伤害罪。公诉机关指控的罪名成立。被告人蔚某华主动到案，如实供述犯罪事实，系自首，依法可从轻处罚。被告人蔚某华部分赔偿被害人经济损失，可酌情从轻处罚。被告人蔚某华因其犯罪行为造成被害人蔚某仙轻伤，依法应承担赔偿责任。关于是否由厦门特运顺联公共交通有限公司承担连带赔偿责任，争议焦点在于蔚某华的故意伤害行为是否属《中华人民共和国侵权责任法》① 第三十四条规定的“因执行工作任务造成他人损害”。本院认为，被告人蔚某华驾驶的出租车系挂靠经营，蔚某华的故意伤害行为虽然发生在运营期间，但蔚某华因不满原告人打电话投诉致口角升级，后出于发泄私愤，在停车后殴打原告人，本质上超出了履行提供旅客运输服务的职务需要，是对职务执行方式、方法的违背，不是执行工作任务的行为，厦门特运顺联公共交通有限公司不承担连带赔偿责任。关于附带民事诉讼原告人蔚某仙的经济损失，本院确认如下：（1）医药费7803.41元，有医疗费发票为证，予以认定；（2）误工费，原告人误工时间经鉴定达120天，原告人受伤前居住厦门市海沧区从事外卖配送服务，被告方同意按厦门

---

① 《中华人民共和国民法典》于2021年1月1日起实施，《中华人民共和国婚姻法》《中华人民共和国继承法》《中华人民共和国民法通则》《中华人民共和国收养法》《中华人民共和国担保法》《中华人民共和国合同法》《中华人民共和国物权法》《中华人民共和国侵权责任法》《中华人民共和国民法总则》同时废止。最高人民法院对相关司法解释也进行了废止或修改。本书收录的案例均裁判于《中华人民共和国民法典》生效前，适用的是当时有效的法律法规及司法解释，下文将不再对此进行提示。

市农林牧渔业职工人均工资标准计算，该标准高于居民服务、修理和其他服务业职工人均工资，因被告方同意，按2017年厦门市农林牧渔业职工人均工资63787元计算，其误工费为20971元（63787元÷365天×120天）；（3）护理费700元（10天×70元/天）；（4）住院伙食补助费1000元（10天×100元/天）；（5）营养费，没有医嘱或造成伤残，不予支持；（6）交通费，原告提交的动车购票材料系2018年5月27日、6月11日、6月15日、7月5日、7月13日等日期的购票情况，无法证明系为就医产生的费用，交通费酌情支持400元；（7）住宿费，未提供证据，不予支持；（8）财产损失，未提供证据证实损失情况，不予支持；（9）后续治疗费，未提供证据，不予支持；（10）鉴定费800元，有票据为证。综上，附带民事诉讼原告人蔚某仙的经济损失为31674.41元，被告人蔚某华已赔偿5000元，还应赔偿26674.41元。。

福建省厦门市海沧区人民法院依照《中华人民共和国刑法》第二百三十四条第一款、第六十七条第一款，《中华人民共和国侵权责任法》第六条第一款及《最高人民法院关于审理人身损害赔偿案件适用法律若干问题的解释》第十七条第一款、第十九条、第二十条、第二十一条第一、二款、第二十二条、第二十三条之规定，作出如下判决：

一、被告人蔚某华犯故意伤害罪，判处有期徒刑一年一个月；

二、被告人蔚某华应于本判决生效之日起十日内赔偿附带民事诉讼原告人蔚某仙经济损失人民币26674.41元；

三、驳回附带民事诉讼原告人蔚某仙的其他诉讼请求。

宣判后，被告人蔚某华提起上诉。福建省厦门市中级人民法院于2019年3月13日作出刑事裁定：准许上诉人蔚某华撤回上诉。

【法官后语】

《中华人民共和国侵权责任法》第三十四条第一款规定“用人单位的工作人员因执行工作任务造成他人损害的，由用人单位承担侵权责任”，就“因执行工作任务造成他人损害”这一判断标准，目前在学理上有法人主观说、法人的工作人员主观说、客观说等观点。法人主观说认为，出租车驾驶员只能在公司指示授权的范围内从事相关活动，即应以公司的主观意思为标准，超出公司的意思表示的行为均不得认定为“执行工作任务”。法人的工作人员主观说认为，从保护被害人利益角度看，在出租车运营过程中发生争执进而殴打乘客，公司对驾驶员有管理、教育的义务，对于司机违反公司经营要求的行为应承担连带赔偿责任，有一定道理，至于由公司承担还是公司与驾驶员连带承担，还需要甄别其是否劳动关系，如果属执行职务又是劳动关系，则公司承担，如果属执行职务但不是劳动关系，则考虑公司承担连带责任。客观说则认为，判断是否属于“因执行工作任务造成他人损害”，应以执行职务的外在表现形态为标准，如果行为客观上表现为与法人指示办理的事务要求相一致，就应该认为属于执行职务的范围，该说相对符合情理。

就本案而言，应当从行为人身份、行为性质、行为发生时间等诸多因素进行综合评判。被告人蔚某华驾驶的出租车系挂靠经营，蔚某华的故意伤害行为虽然发生在运营期间，但蔚某华因不满被害人打电话投诉导致口角升级，在口角升级后停车，为了发泄私愤而殴打被害人，并非为了实现法人的生产经营活动的目的，其行为本质上已超出了履行提供旅客运输服务的职务需要，是对职务执行方式、方法的违背，因此不是执行工作任务的行为。倘若司机系出于公司生产经营利益（如索要车资）而与被害人争执后发生事件，则可能认定为执行工作任务的行为。本案中，被告人的故意伤害行为不是出于执行工作任务需要的行为，法院判决厦门特运顺联公共交通有限公司不承担连带赔偿责任。

编写人：福建省厦门市海沧区人民法院　苏桔海　张鑫

3

单方聚众殴打他人是否构成聚众斗殴罪

——肖某1等聚众斗殴案

【案件基本信息】

1. 裁判书字号

福建省厦门市海沧区人民法院（2019）闽0205刑初83号刑事判决书

2. 案由：聚众斗殴罪

【基本案情】

福建省厦门市海沧区人民法院经公开审理查明：2018 年 9 月 5 日 12 时许，同案犯肖某（另案处理）与同事邓某会（2001 年 11 月 26 日出生）在厦门昌德利电子科技有限公司因琐事引发矛盾，约定中午下班后在公司门口打架，后因同案犯陈某超（另案处理）劝阻而放弃。而后，二人再次约定当晚打架，邓某会声称会叫朋友一起帮忙，同案犯肖某遂联络被告人肖某 1、肖某 2、曹某商量对策，最终双方约定于当晚 21 时在厦门钢宇公司旁桥洞下打架。当晚 20 时 40 分许，同案犯肖某与被告人肖某 1、肖某 2、曹某携带棒球棍、刀等器械，纠集被告人张某明及同案犯陈某超，一同到达上述约架地点，但未见邓某会一方人员前来。随后同案犯肖某、陈某超与被告人肖某 1、肖某 2、曹某、张某明来到邓某会位于厦门市海沧区山边社区山边社 108 号 501 室暂住处，被告人肖某 2 使用携带的棒球棍打砸停放于该暂住处楼下其误认为系邓某会所有的"帝豪"摩托车，邓某会在暂住处见状持一根棒球棍下楼。双方碰面后，邓某会先动手推了被告人肖某一下，同案犯肖某、陈某超与被告人肖某 1、肖某 2、曹某、张某明遂上前共同殴打邓某会，其中同案犯肖某与被告人肖某 1、肖某 2、曹某均有使用棒球棍殴打邓某会，致邓某会胸部、背部、腰部等部位受伤。经法医鉴定，邓某会脾包膜破裂和脾实质内血肿（直径在 2.0cm 以上），胸 12、腰 1、腰 2 左侧横突骨折，损伤程度系轻伤一级。

2018 年 9 月 6 日，被告人肖某 1、肖某 2、曹某、张某明在各自住处被公安机关抓获，到案后如实供述上述主要犯罪事实。

【案件焦点】

单方聚众殴打他人是否构成聚众斗殴罪。

【法院裁判要旨】

福建省厦门市海沧区人民法院经审理认为：被告人肖某 1、肖某 2、曹某、张某明聚众结伙持械斗殴，致一人轻伤，其行为已构成聚众斗殴罪。公诉机关指控的罪名成立。本案系共同犯罪。被告人肖某 1、肖某 2、曹某在共同犯罪中起主要作用，系主犯。被告人张某明在共同犯罪中起次要作用，系从犯，依法应当从轻或减轻处罚。其辩护人提出被告人张某明系本案从犯的相关辩护意见有理，本院予以采纳。被告人肖某1、肖某2、曹某、张某明归案后如实供述自己的罪行，依法可以从轻处罚。被告人肖某1、肖某2、曹某、张某明认罪认罚，可以从宽处罚。被告人肖某1、肖某2、曹某、张某明的辩护人提出被告人如实供述自己的罪行、自愿认罪认罚的相关辩护意见有理，本院予以采纳。被告人肖某1、肖某2、曹某、张某明实施犯罪行为的对象系未成年人，可以酌情从重处罚。

福建省厦门市海沧区人民法院依照《中华人民共和国刑法》第二百九十二条、第二十五条、第二十六条、第二十七条、第六十七条第三款、第六十四之规定，判决如下：

一、被告人肖某1犯聚众斗殴罪，判处有期徒刑三年二个月；

二、被告人肖某2犯聚众斗殴罪，判处有期徒刑三年二个月；

三、被告人曹某犯聚众斗殴罪，判处有期徒刑三年二个月；

四、被告人张某明犯聚众斗殴罪，判处有期徒刑一年七个月；

五、扣押在案的作案工具棒球棍二根，依法予以没收。

【法官后语】

本案系非典型的聚众斗殴行为，被告人人数达到三人以上，而被害人一方只有一人，该行为系单方聚众殴打他人行为。因此，本案的焦点问题是单方聚众殴打他人是否构成聚众斗殴罪。

一、聚众斗殴罪的概念及特征

聚众斗殴罪是指为了争强好胜、争霸一方或其他不法目的，聚集众人进行斗殴的行为，是目前司法实践中常见的一种破坏公共秩序的犯罪。但目前对该罪行为特征的理解均存在分歧，如对“聚众”的认定问题，对双方参与者的人数存在争议。究其原因，是因为刑法对“聚众斗殴”的定义和特征没有明确规定，且对其认识和把握存在极大差异。笔者认为，聚众斗殴罪的特征在于：

第一，聚众斗殴罪的本质特征是公然藐视国家法纪和社会公德，破坏公共秩序。聚众斗殴罪的社会危害性在于行为人目无法纪和社会公德，用聚众斗殴的行为方式挑战社会秩序。

第二，聚众斗殴罪的犯罪动机上，虽然该罪主观方面也表现为故意，但其本质特征决定了行为人实施聚众斗殴是出于争霸一方、报复他人等犯罪动机。行为人主观上所持的藐视国家法纪和社会公德的心理状态是聚众斗殴故意区别于伤害他人身体故意最明显的特点。

第三，客观方面，聚众斗殴罪是聚众犯罪，其表现为聚集众人、结伙斗殴。

二、单方聚众殴打他人仍构成聚众斗殴罪

本案中，被告人人数达到三人以上，而被害人一方只有一人，被告人单方聚众殴打他人是否构成聚众斗殴罪？笔者认为，被告人行为已构成聚众斗殴罪，认定理由如下。

主观上，本案双方具有聚众斗殴的故意。肖某与邓某会二人因琐事引发矛盾，为争强好胜、报复对方，约定当晚打架，邓某会声称会叫朋友一起帮忙，肖某遂联络被告人肖某1、肖某2、曹某商量对策，最终双方约定好打架的时间与地点。

客观上，被告人一方人数达到三人以上且具有殴打行为。各被告人一同到达约架地点，但未见邓某会一方人员前来，遂前往邓某会暂住处，双方碰面后，邓某会先动手推了被告人肖某一下，各被告人上前共同殴打邓某会，致邓某会受伤。

尽管本案中，只有被告人一方的人数达到三人以上，但承办人综合分析主客观情况后仍认定被告人行为构成聚众斗殴犯罪。对于该罪的成立是否要求双方或多方均达到三人以上，学术界有三种观点：双方或多方的人数均在三人以上才可以构成；只要斗殴的一方在三人以上就可构成；双方或多方人数之和在三人以上就可构成本罪。

笔者采纳第二种观点，认为不能一概以不符合“聚众”的对偶性要求而不予认定，而应依照聚众斗殴罪的构成要件，全面分析案件的主客观情况。聚众斗殴罪要求行为人有“聚众”和“斗殴”行为。其中，“聚众”是指“聚集、纠集三人以上”，“斗殴”是指“与对方殴斗”。只要聚集、纠集三人以上与对方殴斗，就可构成本罪，至于对方的人数是否在三人以上，并不影响本罪的成立。人数在三人以下的一方不构成本罪，如果构成其他犯罪，根据刑法的有关规定定罪处罚。

编写人：福建省厦门市海沧区人民法院　卢建斌　尹志泉

4

贩毒人员住处查获的毒品能否计入同住共犯贩毒的数量

——翁某燕贩卖毒品案

【案件基本信息】

1. 裁判书字号

福州市仓山区人民法院（2019）闽0104刑初59号刑事判决书

2. 案由：贩卖毒品罪

【基本案情】

福州市仓山区人民法院经公开审理查明：被告人翁某燕与王某湘（另案处理）系男女朋友关系，双方同居于王某湘承租的福建省福州市晋安区某小区9座303单元01室。王某湘支付房租，还为被告人翁某燕还债。2018年4月份，王某湘从江西南昌带回许多冰毒，藏在租住处。王某湘不在福州期间，翁某燕按照王某湘的要求先后五次将毒品共计4.4g交付给向王某湘求购毒品的王某杰，王某杰将毒资支付给王某湘。

2018年5月9日，王某湘在福州市晋安区某小区9座303单元01室被福州市公安局仓山分局民警抓获。民警当场从该房间查获分装在塑料袋及保鲜盒内的疑似冰毒13袋和疑似麻古1袋共计净重2947.07g。经福州市公安局物证鉴定所鉴定，其中疑似冰毒2袋共净重1913.58g不含毒品成分，其余12袋共净重1034.49g成分均含有甲基苯丙胺。同日，民警在福州市晋安区香山新时代售楼部抓获被告人翁某燕。

【案件焦点】

在被告人翁某燕与同案人王某湘共同租住处查获的毒品是否可以计入为被告人翁某燕贩卖毒品的数量。

【法院裁判要旨】

福建省福州市仓山区人民法院经审理认为：被告人翁某燕明知他人贩卖毒品而多次帮助称取毒品甲基苯丙胺4.4g并交付给购毒人，其行为已构成贩卖毒品罪。被告人翁某燕明知王某湘贩卖毒品而为其称取毒品并使用伪装方式包装毒品，协助进行毒品交易的行为，有证人证言、微信聊天记录等证据证实，并与被告人翁某燕在侦查及庭审阶段的供述相印证，足以认定，辩护人关于被告人翁某燕构成运输毒品罪的辩护意见，与事实不符，本院不予采纳。被告人翁某燕与王某湘同居期间得知其从事毒品交易，并接受王某湘以贩毒所得为自己偿还债务及支付部分同居生活开支，双方形成了经济及生活上的依存关系。被告人翁某燕知晓王某湘从江西南昌带回大量毒品且藏匿于租住处的事实，仍多次协助王某湘称取毒品，并进行毒品交易，公安机关从二人租住处查获的毒品甲基苯丙胺1034.49g，应认定为被告人翁某燕贩卖毒品的数量，因此，被告人翁某燕贩卖毒品的数量为1038.89g。公诉机关指控的犯罪事实及罪名成立，本院予以支持。被告人翁某燕在共同犯罪中起辅助作用，是从犯，依法予以减轻处罚。

福建省福州市仓山区人民法院依照《中华人民共和国刑法》第三百四十七条第一款、第二款、第二十五条第一款、第二十七条第一款、第二款，第六十四条，作出如下判决：

一、被告人翁某燕犯贩卖毒品罪，判处有期徒刑十二年，并处没收财产人民币2万元；

二、公安机关查获的毒品，予以没收。

翁某燕持原审辩解提起上诉。二审法院同意一审法院的裁判意见。

【法官后语】

本案争议焦点在于，从王某湘住处查获的毒品是否能计入翁某燕贩毒的数量。2015年5月18日最高人民法院发布《全国法院毒品犯罪审判工作座谈会纪要》（以下简称“武汉纪要”）采用了事实推定的证明方法，对从贩毒人员住所等处查获毒品的性质作出了明确规定，即根据行为人贩卖毒品及从其住所等处查获毒品的事实，推定查获的毒品是用于贩卖。

一、二审法院均认为，因王某湘与翁某燕系同居男女朋友关系，翁某燕明知王某湘日常吸毒量少，但在家中存放了大量毒品。案发前，翁某燕欠债30余万元，王某湘在固定工作收入的情况下，替其偿还十余万元债务，并称钱是用命换来的，据此，可以推定翁某燕知晓王某湘在家中存放的毒品系用于贩卖。另，翁某燕按照王某湘的指示后采用糖果纸包装毒品、将毒品混装入面膜等高度隐蔽的方式交付毒品给买毒人员王某杰的行为，亦可证实翁某燕明知是毒品而多次协助王某湘将毒品交付于买毒人员的事实。翁某燕与王某湘同居期间得知其从事毒品交易，并接受王某湘以贩毒所得为自己偿还债务及支付同居生活开支，双方就此产生经济及生活上的依存关系。翁某燕知晓王某湘存放毒品的地方，并可随时从中称取交付于他人，换言之，其对租住处的毒品亦拥有支配处分权。根据武汉纪要精神，在王某湘、翁某燕无法提供证据证实被查获毒品系为他人保管用于吸食、为其他犯罪分子窝藏、持有祖传、捡拾、用于治病的毒品等其他情形的反证情况下，故二人租住处查获的毒品应认定为翁某燕、王某湘的贩毒数量。翁某燕在与王某湘共同实施贩卖毒品的犯罪过程中，王某湘是为主出资者，也是贩卖毒品行为积极实施者，依法应认定为主犯；翁某燕主要根据王某湘的指示交付毒品给买毒人员，贩毒的主动性和独立性相对较低，根据其犯罪事实、性质、情节及其在共同犯罪中的地位和所起的作用，依法认定为从犯。在量刑方面，考虑到翁某燕贩卖毒品的主动性和独立性、获利程度及主观恶性、人身危险性等因素，依法对翁某燕予以减轻处罚。

司法审判是人民法院积极参与禁毒综合治理工作的重要途径。人民法院在坚持依法从严惩处毒品犯罪的同时，要全面贯彻好宽严相济刑事政策，突出打击重点、体现区别对待，既要依照法律和有关会议精神精准认定犯罪，又要充分利用从犯、自首、立功等法定或酌定从宽情节处罚罪行较轻的犯罪分子，充分发挥刑罚遏制、预防毒品犯罪的作用。

编写人：福建省福州市仓山区人民法院　庄李洁

5

妨害公共交通工具安全驾驶案件中被告人主观故意的认定

——纪某升以危险方法危害公共安全案

【案件基本信息】

1. 裁判书字号

河北省邯郸市永年区人民法院（2019）冀0408刑初263号刑事判决书

2. 案由：以危险方法危害公共安全罪

【基本案情】

2019年4月21日上午8时40分许，被告人纪某升在邯郸火车站乘坐开往邢台方向的×××路公交车（公交车牌照号为冀EG××××），公交车驾驶员为被害人宋某山，售票员为刘某云。被告人纪某升上车后曾因车票价格与售票员刘某云发生争执，后刘某云退给被告人纪某升1元钱，被告人纪某升称到永年区永洋钢厂站下车。公交车行驶至永年区永洋钢厂站时，被告人纪某升未下车，并要求到下一站再下车，刘某云让被告人纪某升补交1元车票钱，被告人纪某升拒绝，驾驶员宋某山未打开车门让其下车，双方因此发生争执。公交车行驶至永年区迎宾大道与中华大街红绿灯路口向左转弯过程中（时间为9时13分许），被告人纪某升从车厢中后部走到驾驶员宋某山驾驶座右边，先是以激烈语言要求驾驶员宋某山停车，遭到拒绝后，其右手抓起驾驶台右前方一块毛巾（欲扔向驾驶员），再次要求驾驶员宋某山停车未果后，被告人纪某升右手抓住驾驶台右侧，后用右脚踩宋某山正在加速踏板上的右脚，造成车辆突然加速向前，宋某山赶紧用右脚去踩制动踏板，被告人纪某升马上又去踩宋某山右脚，踩到制动踏板，造成车辆急停，车厢内乘客（20余人）瞬间向前涌了过来，未造成人员伤亡，被告人纪某升在踩驾驶员宋某山右脚时与宋某山有拉拽行为。公交车停下后，被告人纪某升补了1元车票钱，驾驶员宋某山打开车前门，被告人纪某升下车后随即从地上捡起一块石头，迅速走到公交车前面，强行阻止车辆继续行驶，时间长达20分钟，派出所民警到现场后，被告人纪某升又持右拳击打驾驶员宋某山左眼部和头部，民警随即将被告人纪某升强制带离现场。永年区迎宾大道系城区主要道路，车流量较大，案发当天迎宾大道主路正在封闭施工，机动车、非机动车混合在便道上行驶，被告人纪某升阻拦公交车造成后方车辆严重拥堵，案发时天刚下过雨。驾驶员宋某山左眼部伤情，经鉴定为轻微伤。案发后，被告人纪某升赔偿了驾驶员宋某山经济损失，并取得了谅解。

【案件焦点】

被告人纪某升是否具有危害公共安全的主观故意，其行为是否构成以危险方法危害公共安全罪。

【法院裁判要旨】

河北省邯郸市永年区人民法院经审理认为：被告人纪某升在公共交通工具行驶过程中，以踩踏驾驶员正在操控车辆加速和制动踏板的右脚、拉拽驾驶员等行为妨害安全驾驶，并在下车后持石头强行阻止公交车行驶，殴打公交车驾驶员，虽尚未造成严重后果，但其行为危害公共安全，已构成以危险方法危害公共安全罪，公诉机关指控的犯罪事实及罪名成立，依法应当追究其刑事责任。辩护人关于被告人纪某升不具有危害公共安全的主观故意，不构成犯罪的辩护意见，本院认为，被告人纪某升明知公交车上有20余名乘客，且作为本地居民，明知所处路段为城区主要道路，当时正在施工，交通状况相对复杂，且又刚下过雨，路面相对湿滑，其不顾公交车上乘客及道路上其他车辆、行人的安全，实施踩踏公交车加速、制动踏板、拉拽驾驶员等严重危及安全驾驶的行为，其主观上具有危害公共安全的故意，客观上实施了危害公共安全的行为，应认定构成以危险方法危害公共安全罪，对前述辩护意见，本院不予采纳。被告人纪某升案发后主动赔偿驾驶员宋某山经济损失并取得谅解，自愿认罪，可以从轻处罚。

河北省邯郸市永年区人民法院依照《中华人民共和国刑法》第一百一十四条，作出如下判决：

纪某升犯以危险方法危害公共安全罪，判处有期徒刑三年。

宣判后，公诉机关未抗诉、被告人未上诉，判决已发生法律效力。

【法官后语】

本案是一起典型的妨害公交车辆安全驾驶案件，控辩双方争议的焦点是被告人是否具有危害公共安全的主观故意，其行为能否认定为《中华人民共和国刑法》第一百一十四条规定的“其他危险方法”。2019 年 1 月 8 日，最高人民法院、最高人民检察院和公安部发布了《关于依法惩治妨害公共交通工具安全驾驶违法犯罪行为的指导意见》（以下简称《意见》），对实践中几类常见的乘客妨害驾驶的行为构成以危险方法危害公共安全罪作出明确规定。司法实践中，法院审理此类案件应重点围绕以下几个方面：

1. 犯罪客体。以危险方法危害公共安全罪侵害的客体是公共安全，因此，此类案件的犯罪场所应当是正在行驶中的公共交通工具上，这是构成本罪的前提条件。

2. 行为方式。《意见》中列举了几种妨害安全驾驶的行为方式，具体为抢夺方向盘、变速杆等操纵装置，殴打、拉拽驾驶人员。司法实践中，还出现过行为人向驾驶人员投掷杂物、泼洒热水、闯入驾驶室故意干扰驾驶人员视线、踩踏车辆加速或制动踏板等妨害安全驾驶的行为。

3. 行为性质及后果。行为人的行为需达到妨害安全驾驶、危害公共安全的严重程度，但不要求一定造成严重后果。以危险方法危害公共安全罪列举了放火、决水、爆炸、投放危险物质等罪名，规定的其他危险方法应当具有与上述犯罪构成中危险的相当性。根据《意见》的规定，判断行为人的行为是否危害公共安全，应当综合考虑公共交通工具行驶速度、通行路段情况、载客情况、妨害驾驶行为本身的严重程度及对公共交通安全的危害程度等情况，对行为人妨害驾驶行为的现实危险及其程度，既要审查具体妨害驾驶行为，也要审查行为实施的时空条件，方能作出全面、客观、准确的评判。

本案中，法院经审理认为，被告人在公共交通工具行驶过程中，实施踩踏公交车加速、制动踏板、拉拽并殴打驾驶员等严重危及安全驾驶的行为，属于《中华人民共和国刑法》第一百一十四条规定的“以其他危险方法危害公共安全”，构成以危险方法危害公共安全罪。近几年，妨害公交车安全驾驶案件频发，多数是因车费、补票、路线变更、错过站点、要求随意停车等琐事引发，进而出现争吵、厮打、殴打司机、抢夺方向盘等严重妨害到公交车安全行驶的行为，个别案件中甚至酿成车毁人亡的重大事故，严重危害人民群众生命财产安全，社会影响恶劣，如2018年重庆市万州“10·28”公交车坠江事件。人民法院通过行使审判职能，充分发挥司法的引领、规范、预防与教育功能，倡导社会各界增强规则意识，树立文明乘车、安全驾驶的交通运输理念，维护良好的社会秩序。

编写人：河北省邯郸市永年区人民法院　秦强

6

故意毁坏财物罪和“毁财”型寻衅滋事罪的区别在于所侵害财物是否具有明确指向性

——钟某某故意毁坏财物案

【案件基本信息】

1. 裁判书字号

福建省厦门市海沧区人民法院（2019）闽0205刑初517号刑事判决书

2. 案由：故意毁坏财物罪

【基本案情】

福建省厦门市海沧区人民法院经公开审理查明：（1）2019年7月6日，被告人钟某某因车辆停放位置挡住其去菜地浇水的路，遂在厦门市海沧区凤山社区凤山北路5号旁边的水泥路用石头划伤被害人梁某某停放在该处的鄂FA××××“捷豹”小轿车叶子板、车门等处。经鉴定，鄂FA××××号小轿车的直接损失为人民币7959元。2.2019年7月26日，被告人钟某某又因同样的原因在厦门市海沧区凤山社区凤山北路5号附近水泥路用石头划伤被害人叶某先停放在该处的闽DJ××××“雅阁”小轿车的叶子板、车门等处；划伤被害人黄某某停放在该处的闽DC××××“朗逸”小轿车的叶子板、车门等处。经鉴定，闽DJ××××“雅阁”小轿车的直接损失为人民币6500元，闽DC××××“朗逸”小轿车的直接损失为人民币1792元。

2019年8月30日，被告人钟某某主动至公安机关投案，并能如实供述上述犯罪事实。案发后，被告人钟某某赔偿三被害人经济损失并取得谅解。

【案件焦点】

钟某某的行为构成故意毁坏财物罪还是寻衅滋事罪。

【法院裁判要旨】

福建省厦门市海沧区人民法院经审理认为：被告人钟某某故意毁坏他人财物，共计价值人民币16251元，数额较大，其行为已构成故意毁坏财物罪。公诉机关指控的罪名成立。被告人钟某某系自首，依法可从轻处罚。被告人钟某某已赔偿被害人经济损失并取得谅解，可酌情从轻处罚。本院综合考虑被告人所犯罪行、犯罪情节、认罪态度、悔罪表现及帮教监管条件，认为宣告缓刑对被告人所居住社区无重大不良影响，决定对其适用缓刑。

福建省厦门市海沧区人民法院依照《中华人民共和国刑法》第二百七十五条、第六十七条第一款、第七十二条和第七十三条之规定，判决如下：

被告人钟某某犯故意毁坏财物罪，判处有期徒刑七个月，缓刑一年。

【法官后语】

故意毁坏财物的行为，直接侵犯了公私财产权利，甚至还扰乱了社会公共秩序，是当下社会中常见多发的案件。因故意毁坏财物罪和“毁财”型寻衅滋事罪在行为的客观表现方式上都具有侵犯他人财产权利的特征，所以在审判实践中混淆二者界限的情况时有发生。本案审理过程中，对钟某某的行为定性也出现两种不同观点：第一种观点认为，被告人钟某某与各被害人并不相识，系临时起意任意毁坏他人财物，应定性为寻衅滋事罪。第二种观点认为，被告人钟某某因停放车辆挡住其去菜地浇水，心生不满而故意毁坏他人财物且达到数额较大标准，其行为指向的财物十分明确，应认定为故意毁坏财物罪。

笔者同意第二种观点。故意毁坏财物罪和“毁财”型寻衅滋事罪虽在行为类型和责任形式具有相同点，但二者仍存在比较明显的区别：第一，侵犯客体不同。寻衅滋事罪侵犯的客体是社会管理秩序，故意毁坏财物罪侵犯的是公私财物的所有权，二者所对应的法益不一样。第二，动机不同。故意毁坏财物罪一般出于报复或者嫉妒的心理，犯罪目的较为单一，就是将财物毁损，而寻衅滋事罪的行为人往往是出于寻求刺激、发泄情绪、逞强耍横等流氓动机而损毁财物。第三，犯罪对象不同。故意毁坏财物罪选择的犯罪对象是特定的，具体指向性十分明确，而寻衅滋事罪的犯罪对象往往是不特定的，选择上具有随意性。特定性的区别，在于行为人在实施犯罪之前，是否具有进行明确的选择，在其主观认知上是否已经对犯罪对象进行过筛选。第四，行为起因不同。故意毁坏财物罪一般事出有因，而寻衅滋事罪一般事出无因。这里的“无因”并非指完全没有原因，而是指相较于故意毁坏财物罪的原因，寻衅滋事的原因力相对较弱。故意毁坏财物罪的原因在行为人看来，具有一定的“正当性”或“合理性”，其实施行为系在于认为自身权益“受损”或是存在“受损”危险，而寻衅滋事的原因则无此方面的表现。

在本案中，被告人钟某某因不满被害人停放车辆位置，认为车辆挡住其去菜地浇水的路，导致其在挑水过程中可能会摔倒，生活生产受到影响，故对被害人的车辆实施毁坏行为，且多次划伤同一停放位置的车辆，在犯罪对象选择上指向性十分明确，不具有随意性和偶然性，实施毁财行为系事出有因，主观上是基于报复他人的动机而产生的毁坏他人财物的故意，并非出于寻求刺激、耍横耍赖等流氓动机，其目的也不在于扰乱社会秩序，客观上也并没有导致严重扰乱社会秩序的后果。因此，被告人钟某某的行为属于故意毁坏财物行为，依法应认定为故意毁坏财物罪。

编写人：福建省厦门市海沧区人民法院　黄少斌　邱碧蓉

7

介入因素是否阻断因果关系的判断

——苏某、祝某勇故意伤害、盗窃案

【案件基本信息】

1. 裁判书字号

浙江省高级人民法院（2019）浙刑终133号刑事裁定书

2. 案由：故意伤害罪、盗窃罪

【基本案情】

浙江省杭州市中级人民法院经公开审理查明：2018年2月18日晚，被告人苏某、祝某勇等人在杭州市萧山区瓜沥镇爱尚KTV唱歌期间，祝某勇及其女友（系苏某堂妹）被被害人王某某带至包厢唱歌喝酒，并不让二人离开包厢。苏某得知此事后与王某某在KTV内发生口角。唱歌结束后，苏某随祝某勇等人返回租房处，后又特意返回到KTV包厢找王某某意图教训王某某。当晚23时许，苏某趁王某某醉酒无反抗能力之际用三轮车将其带至萧山区党山和美广场，并在天和桥头附近对王某某进行殴打。祝某勇为寻找苏某赶至广场，亦参与共同殴打王某某，并用脚踢王某某。后苏某将王某某扶至和美广场镇海禅寺门口一草坪内进行拳打脚踢，祝某勇离开广场后又返回草坪，采用脚踢等方式参与殴打王某某。随后，苏某、祝某勇共同脱去王某某的全身衣裤，仅剩一双袜子未脱，二人先后用王某某随身使用的皮带抽打王某某背部等处，后将王某某衣裤丢至附近河道。当晚23时40分许，二被告人明知王某某身体受伤、全身赤裸、醉酒意识不清且无通讯设备，处于深夜低温、下雨湿滑、附近有河道且难以得到救助的危险境地而离开现场。

2018年2月28日，被害人王某某的尸体在萧山区党山和美广场旁河道中被发现。经法医鉴定，王某某生前损伤程度综合评定已构成轻伤一级，系溺水死亡。

【案件焦点】

苏某与祝某勇的行为与被害人的死亡结果之间是否具有因果关系，因果关系是否被王某某自行饮酒、溺水等介入因素阻断，二被告人是否对死亡结果承担刑事责任。

【法院裁判要旨】

浙江省杭州市中级人民法院经审理认为：苏某、祝某勇的殴打和脱衣行为，使得王某某在醉酒的情况下受伤、挨冻，处于深夜低温、下雨湿滑、附近有河道且难以得到救助的危险境地，该危险转化为王某某溺水死亡的侵害后果，且未被其他介入因素阻断，故苏某、祝某勇二人的危害行为与王某某的死亡后果之间存在因果关系。苏某、祝某勇基于伤害王某某身体的共同故意实施殴打，均供认已经预见到王某某身处危险境地可能被冻死等，二被告人的客观行为亦有致人死亡的现实危险性，故苏某、祝某勇应当承担故意伤害致人死亡的刑事责任。二被告人及其辩护人所提二被告人的伤害行为与被害人的死亡结果之间没有因果关系，仅应对轻伤结果承担刑事责任的辩解及辩护意见不予采纳。

浙江省杭州市中级人民法院依照《中华人民共和国刑法》第二百三十四条第二款、第二百六十四条、第六十九条、第二十五条第一款、第二十六条第一款、第二十七条第一款、第六十五条第一款、第六十七条第三款、第五十六条第一款、第五十五条第一款，《最高人民法院、最高人民检察院关于办理盗窃刑事案件适用法律若干问题的解释》第十一条第二款第一项之规定，判决如下：

一、被告人苏某犯故意伤害罪，判处有期徒刑十四年，剥夺政治权利二年；犯盗窃罪，判处有期徒刑一年六个月，并处罚金人民币2000元，两罪并罚，决定执行有期徒刑十五年，剥夺政治权利二年，并处罚金人民币2000元；

二、被告人祝某勇犯故意伤害罪，判处有期徒刑八年；犯盗窃罪，判处有期徒刑一年，并处罚金人民币1500元，两罪并罚，决定执行有期徒刑八年六个月，并处罚金人民币1500元。

二被告人持原审辩解提起上诉。浙江省高级人民法院同意一审法院的裁判意见，驳回上诉。

浙江省高级人民法院依照《中华人民共和国刑事诉讼法》第二百三十六条第一款第一项之规定，裁定如下：

驳回二被告人的上诉，维持原判。

【法官后语】

对结果发生具有原因力的，除行为人的行为外，可能还有自然及人文环境、被害人的生理状态、被害人本人行为及第三人行为、自然事实等。因果关系的认定，是对行为人实施的行为是否支配了危害结果发生的判断，是对行为人进行归责的一个前提。行为与结果之间有无因果关系，首先，要以条件说为标准判断，行为与结果之间存在着“没有前者就没有后者”的关系时，前者就是后者的原因，行为与结果之间具有时间上的先后和发生上的关联。其次，判断有无发生因果关系的中断。因果关系中断，是指某种危害行为引起或正在引起某种危害结果，在因果关系发展的过程中，介入了另一原因（即介入因素），从而切断原来的因果关系，行为人只对介入原因之前的结果负责；介入原因引起的最后结果，与前因行为之间没有因果关系。

一、行为发生时的特定条件不否定因果关系的存在

同一行为在不同条件下的危险性大小不同，对导致危害结果发生的支配程度也不同。因果关系是特定条件下的客观联系，故不能离开客观条件认定因果关系。特定条件在行为人实施行为时已经存在，其形成原因既可以是人为因素，也可以是自然因素。被害人的生理状态（包括但不限于特殊体质、醉酒状态等）、自然及人文环境等均可以成为行为时的特定条件。行为人不论是否认识到该条件的存在，客观上都进行了利用，影响了结果发生，因此特定条件不否定因果关系，概言之，特定条件存在于危害行为发生之时，不否定行为与结果之间的因果关系。

二、介入因素是否阻断因果关系的判断路径

介入因素是发生于行为发生后、危害结果发生前，影响因果关系进程的因素。特定条件与介入因素的区分点在于发生时间，在行为发生时已存在的是特定条件，发生于因果关系进程中的是介入因素。介入因素一般包括行为人的行为、被害人的行为、第三人的行为或自然事实等。判断介入因素是否阻断因果关系，首先，应考虑原行为对危害结果的原因力。原行为不足以导致某一危害结果，由介入因素单独或与原行为叠加导致某一结果的，存在介入因素阻断因果关系的可能。其次，考虑介入因素的异常性大小，即介入因素发生的可能性大小。异常的介入因素阻断因果关系，通常性的介入因素不影响因果关系认定。当介入因素是被害人自身行为或自然事实时，判断通常性或异常性应当结合行为时的特定条件、危害行为已造成的损害对被害人行为自由的影响来考量，并且不能对被害人的注意义务做过分苛求。当介入因素是他人行为时，若他人未实施适当行为，如第三人未履行相应职责和义务、第三人或行为人实施不法侵害等，具有异常性，因为期待他人适当行为是社会生活的基础。

具体到本案，王某某的饮酒行为及低温、道路湿滑、附近有河道、地理位置偏僻等环境因素作为二被告人实施殴打、脱衣行为时的特定条件，不否定二被告人的行为与被害人死亡结果之间因果关系的存在。虽然王某某自行走到河边落水的行为独立引发了其死亡的结果，但其处于醉酒状态之下，已经具有一定的意识和行为障

碍，苏某、祝某勇的殴打、脱衣行为，叠加低温有雨环境加深其意识和行为障碍的程度，王某某在距离河岸较近、深夜光线暗、下雨湿滑、桥梁护栏较矮的情境下，因意识和行为障碍落入河水中，具有通常性。脱衣造成的裸体状态可能导致王某某羞于求救的心态，加之其意识和行为障碍，认为王某某可以向寺庙内人员求救而否定其落水的通常性，是从加害人角度对被害人的苛求。故，落水行为并不阻断二被告人的行为与被害人死亡之间的因果关系，二被告人应对死亡结果承担故意伤害罪的刑事责任。

编写人：浙江省杭州市中级人民法院　沈励　曹静

8

拒不执行判决、裁定罪中情节严重的认定

——濮某军拒不执行判决、裁定案

【案件基本信息】

1. 裁判书字号

江苏省南通市中级人民法院（2019）苏06刑终442号刑事裁定书

2. 案由：拒不执行判决、裁定罪

【基本案情】

江苏省如皋市人民法院经公开审理查明：本院于2013年5月6日立案受理被告人濮某军与宗某华民间借贷纠纷一案，于2013年6月15日作出（2013）皋民初字第1075号民事判决书，判决濮某军偿还宗某华借款人民币245000元及相应利息。判决生效后，被告人濮某军未在判决书确定的期限内履行义务。宗某华向本院申请执行还款，本院于2014年2月27日立案受理，于2014年4月2日作出（2014）皋初执字第1019号执行裁定书，查封濮某军及其妻子共有的如皋市颐园新村223幢××室房产。2014年7月10日，本院通知濮某军、宗某华谈话，濮某军表示自己没有履行能力，争取在2014年8月10日之前履行50000元。2014年8月

18日，濮某军仅偿还宗某华人民币5000元。2014年8月20日，本院再次主持谈话，濮某军称自己没有履行能力，宗某华表示濮某军应将之前承认的50000元履行了，后面的才同意分期履行，后濮某军承诺最低还款5000元。2015年8月18日，宗某华申请执行上述查封的房产，本院于2015年10月8日发出执行公告。2016年5月4日，被告人濮某军与宗某华达成执行和解协议，主要内容："申请人同意被执行人分期履行：在2016年6月30日前给付10000元；在2016年9月30日前给付25000元；在2017年1月31日前给付35000元；在2017年6月30日前给付35000元；在2017年12月31日前给付35000元；在2018年6月30前给付35000元；在2018年12月31前给付35000元及220000元为本金自2012年1月1日起至实际还款之日止按中国人民银行同期贷款利率计算的利息。如果被执行人有一期不按期履行，则申请人要求被执行人立即给付全部款项（已给付的部分予以扣除）"。2016年7月14日，濮某军还款人民币10000元。宗某华于2016年8月5日向本院申请，鉴于濮某军已履行了2016年6月30日前的10000元，申请将濮某军从失信被执行人名单中屏蔽，本院于当日决定将濮某军从失信被执行人名单中屏蔽。后宗某华因濮某军未按照执行和解协议履行义务，请求将濮某军纳入失信被执行人名单，本院于2016年12月20日决定再次将濮某军纳入失信被执行人名单。

2016年12月22日，被告人濮某军因欲出售该被查封房产，遂以要办理房屋产权证为由，请求解除上述房产的查封，将已收取的他人部分购房定金偿还宗某华人民币30000元，并承诺2017年1月3日前再偿还人民币30000元，剩余的钱款仍按照执行和解协议履行，且保证不会转移房屋所有权。宗某华表示同意，并表示濮某军若再不按期履行其会申请再次查封。2016年12月27日，宗某华向本院书面申请解封上述房产，被告人濮某军亦出具了书面的承诺书，承诺在宗某华解封房屋产权后不过户、不抵押，严格按照在法院约定的还款时间履行还款义务，解封房产的目的用于办理产权证，若违反，担保人濮某德（濮某军的父亲）与其承担连带偿还责任，濮某德亦在承诺书上签字。2016年12月28日该房产被依法解封。被告人濮某军于2016年12月30日即以人民币960000元的价格将该房产出售给他人，后仅将售房钱款中30000元用于偿还宗某华，其余钱款用于投资、娱乐消费及偿还其他个人债务等，致使生效判决无法执行。2017年7月，被告人濮某军偿还宗某华人民币15000元，2017年12月，被告人濮某军偿还宗某华人民币10000元。2017年12月

6日，因被告人濮某军不能按期履行还款义务，宗某华再次向法院申请查封上述房产，本院经查询发现该房产已被出售。2018年8月20日，因被告人濮某军拒不履行生效法律文书，本院依法决定对被告人濮某军司法拘留十五日，被告人濮某军于当日还款人民币20000元。2018年12月19日，濮某德在得知濮某军欲被追究刑事责任的情况下，与宗某华协商，于当日代为偿还人民币70000元，并约定余款45500元于2019年2月3日前结清。2019年2月1日，濮某德代为偿还人民币45500元。

【案件焦点】

1. 本案被告人是否构成拒不执行判决、裁定罪；2. 是否认定“对人民法院的判决、裁定有能力执行而拒不执行，情节严重的”。

【法院裁判要旨】

江苏省如皋市人民法院经审理认为：被告人濮某军对人民法院的判决、裁定有能力执行而拒不执行，情节严重，其行为已触犯刑律，构成拒不执行判决、裁定罪。公诉机关指控被告人濮某军犯拒不执行判决、裁定罪，事实清楚，证据确实、充分，指控的罪名正确，本院予以支持。被告人濮某军已履行全部还款义务，可酌情从宽处罚。对被告人的辩解及辩护人的辩护意见，本院认为，拒不执行判决、裁定罪侵害的法益是司法裁判的权威性和执行力，人民法院的判决、裁定一经生效，就具有法律强制力，负有履行义务的当事人都必须执行。本案中，被告人濮某军自2013年6月本院作出判决后，前后已长达5年之久，在强制执行阶段，虽与宗某华达成了执行和解协议，但是未能按时按协议履行，第一期的1万元拖延给付，且是为了从失信名单中解除，第二期给付也没有按期履行，直至2016年12月，其为了出售查封的房产，才将预收的购房定金3万元偿还给宗某华，并以办理房产证为由，允诺2017年前再偿还3万元，保证房产被解封后不过户、不抵押、并履行还款义务、提供保证人，进而骗取宗某华的信任，向本院申请解封该房产。后被告人濮某军即将房产出售给他人，完全无视在法院所作出的不过户、不抵押该房产的承诺。被告人濮某军辩解其在出售该房产前已征得宗某华的同意，但未得到宗某华的印证，且该辩解亦不符合常理。至此，被告人濮某军在将房产出售，有能力履行的情况下，仅将3万元偿还给宗某华，将数十万的钱款用于有风险的投资，致后来亏损，濮某军在2017年7月给付1.5万元，2017年12月给付1万元，到2018年8月20日被本院采取司法拘留当日给付2万元，均未按照协议履行，后续款项也是濮某军和其父亲濮某德主观上知道可能要追究濮某军的刑事责任的情况下，由濮某德出面代为偿还。所谓"致使判决、裁定无法执行"，是指拒执行为的实施，导致判决、裁定中载明的执行义务无法得到及时有效的履行。人民法院在拒执行为致使判决、裁定未及时有效执行后，通过另行采取执行措施，使判决、裁定得以执行的，不影响"致使判决、裁定无法执行"的认定。至于濮某德作为保证人的保证责任，并不能免除濮某军的还款义务。故本院认为，被告人濮某军构成拒不执行判决、裁定罪。对被告人及辩护人的上述辩解及辩护意见，本院不予采纳。被告人濮某军有前科劣迹，酌情从重处罚。

江苏省如皋市人民法院依照《中华人民共和国刑法》第三百一十三条第一款，《全国人大常委会关于〈中华人民共和国刑法〉第三百一十三条的解释》、《最高人民法院关于审理拒不执行判决、裁定刑事案件适用法律若干问题的解释》① 第一条、第五条、第六条之规定，作出如下判决：

被告人濮某军犯拒不执行判决、裁定罪，判处有期徒刑十个月。

判决宣告后，被告人濮某军提起上诉。

江苏省南通市中级人民法院审理过程中，上诉人濮某军以服从原审判决为由，申请撤回上诉。据此，依照《最高人民法院关于适用〈中华人民共和国刑事诉讼法〉的解释》② 第三百零五条第一款、第三百零八条之规定，裁定如下：准许上诉人濮某军撤回上诉。

【法官后语】

拒不执行判决、裁定罪侵害的法益是司法裁判的权威性和执行力，人民法院的

---

① 此处指2015年发布的《最高人民法院关于审理拒不执行判决、裁定刑事案件适用法律若干问题的解释》，其已于2020年修正，本书收录的案例均裁判于其修改生效前，适用的是当时有效的司法解释，下文将不再对此进行提示。

② 此处指2012年发布的《最高人民法院关于适用〈中华人民共和国刑事诉讼法〉的解释》，其已于2021年被《最高人民法院关于适用〈中华人民共和国刑事诉讼法〉的解释》（法释〔2021〕1号）废止，本书收录的案例均裁判于其修改生效前，适用的是当时有效的司法解释，下文将不再对此进行提示。

判决、裁定一经生效，就具有法律强制力，负有履行义务的当事人必须执行，维护这种生效判决、裁定的权威，就是维护司法机关的正常活动和法律的权威。本案系一起“非典型”拒执罪案件，被告人在判决生效后长达五年的时间内一直拖延履行，导致判决、裁定中载明的执行义务无法得到及时有效的履行，债权人的权益无法实现，直至被告人得知司法机关可能要追究其刑事责任时，才在公安机关立案前偿还了债务并据此辩称其不构成犯罪。因此，本案的争议焦点就是被告人的行为是否构成拒不执行判决、裁定罪，如何认定“有能力执行而拒不执行，情节严重”。

为解决执行难问题，我国1997年刑法中将拒不执行判决、裁定罪单列为一个罪名，后又相继出台了相关立法解释、司法解释及指导性案例。根据法律、司法解释的规定，拒不执行判决、裁定罪的入罪条件是“对人民法院的判决、裁定有能力执行而拒不执行，情节严重”，因此，本罪的客观方面为“有能力执行”和“拒不执行”，并要达到“情节严重”程度。“有能力执行”是前置条件，如何认定“有能力执行”直接影响到本罪的成立，必须稳妥把握。人民法院依照所查证确定的证据，根据执行标的不同，查明被执行人在判决、裁定生效后是否具备全部或者部分财产偿还能力（要考虑保留其基本生活需求部分），或者履行特定义务能力。同时根据刑法谦抑性原则，对于无履行能力致使履行不能的，不予认定构成本罪。关于“拒不执行”，现有立法和司法解释列举出12种逃避、对抗执行义务的拒不执行行为，在审判实践中多参照此分类来认定，但列举式规定难以穷尽所有拒执行为，但鉴于社会上拒执行为的复杂性、多样性，法律解释无法全面覆盖，当出现新情况时仍需结合本罪的立法目的、保护法益等综合分析评判。本罪属于情节犯，拒不执行生效判决、裁定的行为并非一经实施即构成犯罪，必须达到“情节严重”的程度，才能追究行为人的刑事责任。法条和司法解释仅是对拒不执行行为方式进行详细列举规定，而“情节严重”只进行了概括性表述——“致使判决、裁定无法执行”。因此，笔者认为“情节严重”应理解为实施了拒执行为，导致判决、裁定中载明的执行义务无法得到及时有效的履行。而此处的“无法得到及时有效的履行”不能简单理解为债权最终无法实现，考虑到本罪侵犯的法益主要是司法秩序和司法权威，其行为后果还应包括行为人逃避或者拒不执行行为导致人民法院通过法定执行措施无法继续执行或者根本无法运用法定执行措施（即使通过其他途径最终实现了债权）。因此，人民法院在拒执行为致使判决、裁定未及时有效执行后，通过另行采取执行措施，使判决、裁定得以执行的，不影响“致使判决、裁定无法执行”的认定。

本案中，被告人濮某军自2013年6月15日作出判决后，前后已长达5年之久，在强制执行阶段，虽与宗某华达成了执行和解协议，但是大部分均是迟延履行，且带有目的性，第一期的1万元拖延给付，而且是为了从失信名单中解除，第二期给付也没有按期履行，后经宗某华申请，又将濮某军再次纳入失信名单，2016年12月，濮某军为了出售查封的房产，以办理房产证为由，并将已收取的部分购房定金3万元偿还给宗某华，同时承诺2017年前再偿还3万元，且房产被解封后不过户、不抵押、并履行还款义务、提供保证人，进而取得宗某华的信任，向本院申请解封该房产。后濮某军即将房产出售给他人，完全无视在法院所作出的不过户、不抵押该房产的承诺。后宗某华因濮某军不按期履行还款义务，再次向法院申请查封该房产。至此，濮某军在将房产出售，有60多万元到账，有能力执行的情况下，仅将3万元偿还给宗某华，将数十万的钱款用于有风险的投资，事实证明后来确实亏损，濮某军在2017年7月给付1.5万，在2017年12月给付1万，到2018年8月20日被本院采取司法拘留当日给付2万，均未按照协议履行，后续的剩余款项也是在被告人濮某军和其父亲濮某德主观上知道可能要追究濮某军的刑事责任的情况下，向他人借款，由濮某德出面代为偿还，虽给付义务已经履行结束，但被告人在整个执行过程中的行为直接导致了判决、裁定中载明的执行义务无法得到及时有效的履行。人民法院在拒执行为致使判决、裁定未及时有效执行后，通过另行采取执行措施，使判决、裁定得以执行的，不影响“致使判决、裁定无法执行”的认定。至于在执行中达成和解协议并提供保证人的保证责任，但并不因此免除被告人的还款义务，且被告人也并未按期履行协议内容。故被告人濮某军构成拒不执行判决、裁定罪。

法律是每一个公民必须遵守的行为规范，法院作为审判机关依照国家法律行使审判职能，其所作出的判决、裁定等裁判文书的既判力和权威性，需以司法文书的强制性和执行力为前提。拒不执行判决、裁定罪作为刑法明文规定督促和惩罚拒执行为的最后一道防线，通过刑罚手段保障司法权威和司法公信力，维护了公民、法人的合法权益，同时也保障了人民法院判决、裁定的顺利执行，力求实现“公正、高效、为民”的司法宗旨。

编写人：江苏省如皋市人民法院　李燕杰　姚婷婷

9

生产有害食品罪附带民事公益诉讼，应支付赔偿金并纳入国家财政专户管理

——凌某生产有害食品附带民事公益诉讼案

【案件基本信息】

1. 裁判书字号

四川省蓬溪县人民法院（2019）川0921刑初34号刑事附带民事判决书

2. 案由：生产有害食品罪

【基本案情】

2018年10月31日，被告人凌某为使其经营的蓬溪县三凤镇“食全酒美”饭店自制的卤制品色泽更好，在加工卤腿肉的过程中加入亚硝酸盐。同日，蓬溪县食品药品监督管理局执法人员对“食全酒美”饭店内自制的“卤腿肉”“卤冲嘴”“卤牛肉”进行监督抽检。2018年11月23日，经华测检测认证集团股份有限公司检验，从所送检的“卤腿肉”“卤冲嘴”“卤牛肉”中检测出亚硝酸盐（以亚硝酸钠计），含量分别为38mg/kg、15mg/kg、26mg/kg。因亚硝酸盐项目不符合卫生部、国家食品药品监督管理局2012年第10号公告要求，检验结论为不合格。2018年11月27日，蓬溪县食品药品监督管理局执法人员到“食全酒美”饭店现场检查时，在店内发现并扣押亚硝酸盐0.5公斤。2019年1月8日，蓬溪县食品药品监督管理局向蓬溪县公安局治安管理大队移交案件线索。2019年1月10日，蓬溪县公安局对本案立案侦查，查获的亚硝酸盐亦由蓬溪县食品药品监督管理局移交至蓬溪县公安局扣押。同月21日，办案民警依法传唤被告人凌某到案，被告人凌某到案后如实供述其犯罪事实。

【案件焦点】

被告的行为是否构成刑事犯罪。

【法院裁判要旨】

四川省遂宁市蓬溪县人民法院经审理认为：被告人凌某在自制卤制品的过程中，掺入有害的非食品原料亚硝酸盐，其行为构成生产有害食品罪。公诉机关指控被告人犯罪的事实清楚，证据确实、充分，罪名成立，应予支持。对指定辩护人关于本案行政管理机关抽样送检程序有瑕疵，检验报告等证据不具有排他性不应被采纳的辩护意见，本院审查证据后认为，本案公诉机关出示食药行政管理机关的“国家食品安全抽样检验抽样单”显示，被告人凌某对抽样程序、过程、封样状态及其他内容均无异议，且本案没有相反证据证实抽样送检程序违法，对上述辩护意见，本院不予采纳；对指定辩护人关于被告人凌某主观上无直接故意，且掺入亚硝酸钠数量极少，尚不足以达到刑事犯罪程度的辩护意见，我国刑法及相关司法解释对于生产有害食品罪中，掺入有害的非食品原料并无数量上的规定，即行为人明知是有害的非食品原料并在生产食品过程中掺入了该原料即构成该罪，这里的明知，包括刑法意义上的“应当知道”。本案结合被告人凌某的年龄、学历、履历等因素，本院能够确认国家禁止在食品中掺入亚硝酸钠这一规定属于被告人凌某应当知道的范畴，故对指定辩护人关于被告人凌某的行为不足以达到刑事犯罪程度的辩护意见，本院不予采信。被告人凌某到案后如实供述犯罪事实，可以从轻处罚。考虑被告人凌某犯罪情节较轻，认罪认罚，悔罪态度好，本院决定对其从轻处罚并适用缓刑，对蓬溪县司法局出具的社会调查评估意见及公诉机关的量刑意见予以采纳。

附带民事公益诉讼方面，被告人凌某违反食品安全法的规定，在自制的卤制品中掺入有害的非食品原料，侵犯了不特定消费者的合法权益，损害了社会公共利益，在依法承担刑事责任的同时，还应当承担相应的民事责任。蓬溪县人民检察院提起刑事附带民事公益诉讼，是依据法律规定维护社会公益的一种方式，其诉讼主张于法有据，应予支持。从保护食品安全的角度考虑，对刑事附带民事公益诉讼起诉人要求刑事附带民事公益诉讼被告人凌某支付赔偿金 3718.8 元、并通过县级以上媒体公开赔礼道歉的诉讼请求，应予以支持。

四川省遂宁市蓬溪县人民法院依照《中华人民共和国刑法》第一百四十四条，第六十七条第三款，第七十二条，第七十三条第二款、第三款，第五十二条，第五十三条第一款、第六十四条，《中华人民共和国侵权责任法》第四条，第十五条，《中华人民共和国民事诉讼法》第五十五条，《中华人民共和国食品安全法》第一百四十八条第二款，《最高人民法院、最高人民检察院关于办理危害食品安全刑事案件适用法律若干问题的解释》第九条第一款，第十八条，第二十条第三项之规定，作出如下：

一、被告人凌某犯生产有害食品罪，判处有期徒刑六个月，宣告缓刑一年，并处罚金人民币 1000 元。（缓刑考验期限，从判决确定之日起计算。罚金限判决生效后五日内缴纳）；

二、对扣押在案的 0.5kg 亚硝酸盐予以没收；

三、禁止被告人凌某在缓刑考验期限内从事食品生产、销售及相关活动；

四、由刑事附带民事公益诉讼被告人凌某承担赔偿金人民币 3718.8 元，上缴国家相关财政专户，限判决生效后五日内付清；

五、责令刑事附带民事公益诉讼被告人凌某通过县级以上媒体公开赔礼道歉。

【法官后语】

本案定罪方面，生产有害食品罪，我国刑法及相关司法解释的规定是有行为即构成犯罪，不考虑“量”的因素及危害结果的因素（危害结果只作为加重情节考虑量刑）。从立法本意上，是体现对该类型刑事犯罪的从严打击，也符合习近平总书记提出的“四个最严”的指导思想。故本案辩护人提出的无罪辩护意见因不符合法律规定未得到合议庭采纳。

附带民事公益诉讼方面，根据《最高人民法院、最高人民检察院关于检察公益诉讼案件适用法律若干问题的解释》第二十条规定：“人民检察院对破坏生态环境和资源保护，食品药品安全领域侵害众多消费者合法权益，侵害英雄烈士等的姓名、肖像、名誉、荣誉等损害社会公共利益的犯罪行为提起刑事公诉时，可以向人民法院一并提起附带民事公益诉讼，由人民法院同一审判组织审理。”标志着刑事附带民事公益诉讼作为一种新型的诉讼方式得到法律认可。附带民事公益诉讼，究其本质，仍然是民事诉讼。在本案中，没有具体的损害结果发生，对于判令被告人承担民事责任是否符合我国民法、侵权责任法的原理，合议庭在评议时认为，该类刑事犯罪的被告人的犯罪行为侵犯了不特定社会公众的健康权，其危害结果有一个量的积累和一定时间才能体现的特性，虽然在案发时、审判时可能没有出现明确的危害结果，但判令被告人承担民事责任、支付赔偿金并以财政专户保管的方式提存，有利于社会矛盾的化解和社会关系的修复，符合我国法律、政策的精神。

编写人：四川省遂宁市蓬溪县人民法院　杨勇

10

客人酒宴饮酒致死过错责任人承担问题

——李某斌、李某标、李某旺过失致人死亡案

【案件基本信息】

1. 裁判书字号

湖南省蓝山县人民法院（2019）湘1127刑初256号刑事判决书

2. 案由：过失致人死亡罪

【基本案情】

2019年3月18日，为庆祝新房建成，被告人李某旺决定在蓝山县塔峰镇创业路其新房内宴请亲朋好友，中餐30桌，晚餐16桌。除自己提供烟酒饮料外，以包工包料的形式将酒席承包给被告人李某标。2019年3月17日晚，被告人李某标将厨具、餐具及燃料等物堆放在李某旺家一楼楼梯间内，其中有内装30余斤“环保油”燃料（甲醇和水的混合物，以下称甲醇）但未设任何警示标识的绿色塑料桶1个。2019年3月18日中餐前，被告人李某斌负责为餐桌分盛、添置米酒，在未经辨别就将绿色塑料桶内的甲醇当作米酒用小酒壶分别盛放在每个餐桌上。被告人李某斌将绿色塑料桶中甲醇分盛完后，再到二楼被告李某旺卧室内的酒坛去装米酒。就餐时，被害人李某卫、黄某玖、李某星等多人误把甲醇当作米酒饮用。被告人李某旺向客人敬酒时，多人向其反映“酒太浓”，但其未警觉。中餐后，李某旺家将中餐饮剩的“米酒”用两个大提壶装好供晚餐继续饮用。当晚8时20分许，被告人李某标告诉被告人李某旺，其带来的甲醇燃料可能被客人误当成米酒饮用，甲醇

有毒不能饮用后，被告人李某旺立即电话向李某斌询问，在得知李某斌误将李某标带来的甲醇当米酒分盛给客人误饮后，李某旺随即电话通知部分客人酒有问题，但未采取其他有效措施。被告人李某斌在自己家中未采取任何措施，被告人李某标在收取被告人李某旺一百元甲醇款后回家，也未采取任何措施。2019年3月19日，被害人李某卫因甲醇中毒死于家中；次日，被害人黄某玖因甲醇中毒经蓝山县中心医院抢救无效死亡；2019年3月30日，被害人李某星因甲醇中毒经蓝山县中心医院、郴州市第一人民医院抢救无效死亡；谢某皇等7人轻度甲醇中毒。

【案件焦点】

行为人的过失行为是否可以预见，是否构成过失致人死亡罪的要件。

【法院裁判要旨】

湖南省蓝山县人民法院经审理认为：被告人李某斌作为负责酒席米酒的上酒者、添酒者，未经审慎辨识就将明显区别于日常盛装米酒容器内的甲醇误当作米酒提供给客人饮用；被告人李某标作为甲醇的所有人，未妥善保管危险物，以致于李某斌误将甲醇当米酒提供给客人饮用；被告人李某旺作为宴请人，具有保障食品安全之义务，当被告人李某斌误将甲醇当米酒提供给客人饮用，多名客人提出“酒太浓”时未引起警觉，特别是三被告人在得知客人误饮甲醇后均未采取有效措施，导致三人死亡、多人中毒的严重后果，三被告人主观上具有疏忽大意的过失，客观上发生三人死亡、多人中毒的严重后果，三被告人的行为与该后果的发生具有刑法上的因果关系，三被告人的行为均已构成过失致人死亡罪。该案的发生系三被告人的共同过失行为所产生，也不具有共同的犯罪故意，因此，本案系三被告人共同的过失行为所造成，不宜区分主从犯。被告人李某斌、李某标、李某旺被公安机关传唤到案后如实供述自己的犯罪事实，并当庭认罪，有坦白情节，依法可以对其从轻处罚。案发后，三被告人的家属代为缴纳部分赔偿款用于赔偿被害人家属，且在人民调解委员会的调解下被告人家属与被害人近亲属达成民事赔偿调解协议，三被告人取得了被害人近亲属的谅解，亦依法可以从轻处罚。

关于辩护人谭某生辩称，被告人李某标不能预见，也不用预见他人把绿色塑料桶内的甲醇当作酒喝，且李某标盛装甲醇的绿色塑料桶外表很脏，与盛装酒的容器有明细区别，在本案中李某标无过失的行为的辩护意见。经查，甲醇又称“工业酒精”属于易燃、有毒液体的危险化学品，对甲醇的使用、存储应当符合我国《危险化学品安全管理条例》的相关规定。被告人李某标作为流动酒席经营者，既未办理相关营业执照，也未办理餐饮服务许可证和取得相关危险化学品使用的许可，更不符合危险化学品使用的安全条件，而且其在购买时明知所谓的“环保油”是甲醇，被告人李某标应当预见他人会误将甲醇当成酒饮用，其在储存甲醇的容器上也没有粘贴或印制、标注相关安全警示标识，在案发当晚得知有客人误饮甲醇后也没有采取积极有效的措施，导致三人死亡的严重后果。因此，辩护人谭某生的上述辩护意见，本院不予采纳。

关于辩护人李某松提出的被告人李某旺不知道其家中放有甲醇，在听李某标说甲醇被人当成米酒误饮后立即打电话通知客人到医院进行检查，其行为不构成刑法上的过失的辩护意见。经查明，被告人李某旺作为宴请者，具有保障食品安全之义务，案发当天中午就餐时多名客人提出“酒太浓”时未引起警觉，而当晚从李某标处得知甲醇被客人误当成米酒饮用后，只是简单的电话通知部分客人如有身体不适到医院检查，当晚12时许就自行休息，并未采取更有效的措施或向相关部门报告情况，其能够预见并防止危害结果的发生，但因为其疏忽大意而未预见，以致发生三人死亡的严重后果。因此，辩护人李某松的上述辩护意见，本院不予采纳。关于辩护人李某松提出的案发后被告人李某旺是主动到公安机关接受调查，有自首情节的辩护意见。经查，根据公安机关出具的抓获经过，并结合证人黄仁娥的证言，公安机关是在经过初步调查后于2019年3月20日到被告人李某旺家中将被告人李某旺传唤到案的，并不是其主动到公安机关。因此，辩护人李某松提出的李某旺有自首情节的辩护意见，本院不予采纳，但李某旺到案后如实供述了犯罪事实，并当庭表示认罪，可以认定为有坦白情节。

湖南省蓝山县人民法院依照《中华人民共和国刑法》第二百三十三条，第六十七条第三款，第七十二条第一款，第七十三条第二款、第三款之规定，判决如下：

一、被告人李某斌犯过失致人死亡罪，判处有期徒刑三年，缓刑四年。（缓刑考验期限，从判决确定之日起计算）；

二、被告人李某标犯过失致人死亡罪，判处有期徒刑三年，缓刑四年。（缓刑考验期限，从判决确定之日起计算）；

三、被告人李某旺犯过失致人死亡罪，判处有期徒刑三年，缓刑四年。（缓刑考验期限，从判决确定之日起计算)；

【法官后语】

本案审理的重点在于在个案中如何平衡并取得法律效果和社会效果的有机统一。本案中因误饮工业酒精致使三人死亡，死亡被害人的家属情绪波动较大、矛盾争执也较大。事情发生后，移送起诉前就本案中附带民事部分由本地政法委组织开展了调解工作，多次调解无果。由于附带民事部分，关于民事部分的赔偿范围，按照刑事法律的规定，一般故意犯罪的判赔范围，只能有丧葬费等直接物质损失，被害人家属的情绪无法安抚，该案判决的社会效果无法达到统一，因而在多方组织调解下，对附带民事部分进行了调解，最终根据案件的事实、情节，被告人的悔罪、认罪态度等，对刑事部分依照法律规定进行判决，进而达到了法律效果和社会效果的有机统一，死亡被害人家属服判息诉，取得了良好的审判效果。

编写人：湖南省蓝山县人民法院　晏斐斤

11

"事出有因"型敲诈勒索案件中非法占有目的的判断标准

——吴某勇强奸、非法拘禁案

【案件基本信息】

1. 裁判书字号

福建省厦门市海沧区人民法院（2019）闽0205刑初205号刑事判决书

2. 案由：强奸罪、非法拘禁罪

【基本案情】

福建省厦门市海沧区人民法院经公开审理查明：被告人吴某勇与被害人罗某原系情人关系，2018年国庆期间，二人因关系恶化而分手。被告人吴某勇认为之前二人出去玩的时候都是花自己的钱，且其于国庆期间丢失的摩托车被害人罗某也有责任，遂微信向罗某索要“分手费”5000元，罗某表示同意。2018年10月底，被告人吴某勇至被害人罗某暂住处将其手机、身份证、社保卡拿走，并在该暂住处楼下再次向罗某索要5000元，罗某表示没有那么多钱，吴某勇遂将“分手费”降至2000元，罗某表示同意，并表示待其工资发下来就付。2018年11月中旬，被害人罗某与被告人吴某勇沟通归还手机等物品事宜，吴某勇以发裸照为要挟，向罗某索要2000元。2018年11月18日晚，被告人吴某勇以归还手机、身份证等物品之名将被害人罗某骗至厦门市海沧区某路259号×××室。进入房间后，被告人吴某勇随即将门反锁，拿走被害人罗某随身携带的手机等物品，不让罗某离开，直至20日16时许被害人罗某工资到账向其转账3700元后，二人才离开宾馆。其间，被告人吴某勇采用扇耳光、掐锁骨、言语威胁等手段，分别于18日晚、19日上午及20日下午强行与被害人罗某发生三次性关系。

【案件焦点】

1. 在“事出有因”型的敲诈勒索案中，如何判断行为人是否具有非法占有目的；2. 行为人强行索要双方基于客观事实且曾达成合意的分手费是否属于“事出有因”，能否阻却敲诈勒索罪成立。

【法院裁判要旨】

福建省厦门市海沧区人民法院经审理认为：

1. 被告人吴某勇强行与被害人罗某发生三次性关系事实。第一，案发时双方已经分手，且此前双方就“分手费”进行过沟通，吴某勇还以发裸照为要挟向罗某索要“分手费”。故案发时被害人不具有自愿与吴某勇发生性关系的感情基础。第二，被害人罗某在宾馆期间，有明确的拒绝及求救行为。第三，从被告人吴某勇的供述前后反复看，被害人罗某则陈述稳定。本案中，被告人吴某勇已拿走被害人罗某的手机、双方已多次就归还手机等物品进行沟通、结合案发时扇耳光、掐锁骨、言语威胁以及双方的年龄、体形差异，被害人罗某关于其去宾馆开房是想取回手机等物品以及其无法确定吴某勇是否睡着，出于害怕不敢逃跑的陈述符合常理。综上，认定被告人吴某勇系违背被害人罗某的意志强行与其发生三次性关系。

2. 关于被告人吴某勇是否构成敲诈勒索罪的问题。虽然被告人客观上实施了以拿走被害人手机、身份证和社保卡及发送裸照为要挟、限制被害人人身自由等方式强迫被害人罗某向其支付人民币3700元的行为，但被告人索要的钱款是基于双方交往期间的花费及摩托车丢失的补偿，且双方在被告人吴某勇实施上述行为之前，曾围绕“分手费”的数额为5000元达成合意，被告人吴某勇以此为由向被害人索要3700元并未超出合意范围，其主观上不具有非法占有的目的。即使双方后期达成新的合意，将“分手费”的数额降至2000元，被告人吴某勇索要3700元的数额也没有明显超出其合意范围。退一步而言，即使认定被告人对1700元部分具有非法占有的目的，数额亦未达到敲诈勒索罪的入罪标准，被告人吴某勇不构成敲诈勒索罪。

3. 关于非法拘禁时长的认定问题。被告人吴某勇为索要“分手费”而非法拘禁被害人罗某的行为构成非法拘禁罪。被告人吴某勇在进入房间后随即将门反锁，将被害人随身携带的手机拿走不让其与外界联系，并对被害人进行言语威胁。被告人吴某勇此时即已实施了非法限制被害人人身自由的客观行为，公诉机关以此作为非法拘禁的起始时间计算非法拘禁时长约41小时并无不当。

福建省厦门市海沧区人民法院依照《中华人民共和国刑法》第二百三十六条第一款、第二百三十八条第一款、第六十七条第三款、第六十九条、第六十四之规定，判决如下：

一、被告人吴某勇犯强奸罪，判处有期徒刑四年；犯非法拘禁罪，判处有期徒刑十个月；数罪并罚，决定执行有期徒刑四年六个月；

二、责令被告人吴某勇退赔被害人罗某经济损失人民币3700元；

三、扣押在案的作案工具予以没收。

【法官后语】

本案公安机关以被告人涉嫌强奸罪、非法拘禁罪移送审查起诉，公诉机关审查后，以强奸罪、非法拘禁罪、敲诈勒索罪提起公诉，法院开庭审理后，最终判处被告人犯强奸罪、非法拘禁罪。本案争议焦点主要在于被告人是否构成敲诈勒索罪，综合法院裁判要旨分析理由可以得出，被告人的强行索要“分手费”行为，因该费用的产生并非凭空主观臆造，具有一定的客观性，且双方曾就此达成合意，属“事出有因”，不具有非法占有的目的，无法构成敲诈勒索罪，被告人的强行索要行为，在非法拘禁罪中予以苛责。

主观上的非法占有目的和客观上的威胁或要挟索取财物行为是构成敲诈勒索罪的两个条件。司法实践中，证明敲诈勒索的主观要素超过一般借助于刑事推定技术，即法官根据具体个案中的主客观事实，结合经验法则和逻辑思维，从事实推断行为人是否具有非法占有目的。在“事出有因”敲诈勒索案件中，行为人采取了威胁、暴力手段强取财物往往出于某种原因，“事出之因”容易干扰事实推定过程，增加主观目的的判断难度，这也是本案的难点所在。笔者认为可从以下三方面进行综合考虑：

一、“因”的类型

可分为真实之因和虚假之因，真实之因要求当事人双方对触发矛盾的事实、原因、过程等有一定程度的共同认识，且行为人与该事实之因存在利害关系。如果行为人以某种事由为借口采取强行索要行为，为虚假之因，则可能构成敲诈勒索罪。本案被告人吴某勇实施要挟、限制人身自由等方式强迫被害人罗某向其支付3700元的行为，是基于双方情人关系期间的花费和摩托车丢失的补偿，被害人曾对该金额承担作出同意支付的承诺，且被告人的确因摩托车丢失而报警，双方初次就分手费的金额进行协商时亦在摩托车丢失后不久，达成合意的金额亦在相应的“合理”范围内。故该事实原因并非被告人凭空捏造，双方对此具有共同认识，被告人作为金钱接受一方系基于真实原因提出索财要求。

另外，有观点认为，可从合法性与否对原因进行分类，对此，笔者认为，不能简单因为原因不合法就认定存在非法占有为目的。以赌债为例，虽然赌债系非法之债，但确有一定的形成过程，应属于自然之债，其非法性并不能剥夺其原因性，这和索债型非法拘禁的债应包括非法之债是同样的道理。另外现实中还有多种原因是无法从合法性方面进行评价的，如“青春损失费”、“分手费”等，更多的是从社会道德层面评价，但这些原因确实存在一定的客观事实基础，故从真实与虚假予以区分判断，标准更为明确、科学。

二、“因”的形成过程

主要是双方对真实之因形成的交涉经过是否平等、理性，双方是否具有协商解决问题的共识，是否存在胁迫、欺骗等行为。本案双方对“分手费”金额所达成的两次合意，现有证据均无法证实被害人罗某是被迫同意达成合意，在罗某表示经济能力不足的情况下，被告人同意将金额降至2000元，体现了双方的协商过程，且该合意过程形成于被告人强行索财之前。

三、索要金额与“因”之间的关系

在判断真实之因的基础上，可结合金额进一步判断主观目的，即索要的金额是否在合理范围内，如索取的金额远远超出原因事件所产生的数额，则具有非法占有目的的初步非难。本案“分手费”在法律上并没有明确衡量的标准，但被告人最终索要3700元，存在双方合意金额从5000元降至2000元的转换过程，最终的成交金额未明显超出双方的合意范围，也在公众的认知和接受范围内，难以认定具有非法占有的目的。

综上分析，均不宜认定被告人具有非法占有的目的。退一步讲，即使认定被告人对超出合意的1700元部分具有非法占有的目的，数额亦未达到敲诈勒索罪“数额较大”的入罪标准，不能认定构成敲诈勒索罪。

对于“事出有因”的强行索要财物行为，法院在审理过程中既要注重分析犯罪构成要件，及时纠正不当指控，也要综合考虑从法律上予以否认行为人所使用的违法手段。目的的违法阻却不能证明手段的正当性，本案被告人以要挟、控制人身自由的方式索要“分手费”，手段不具有合法性，其行为已经构成非法拘禁罪，其间又违背被害人意愿强行与之发生性关系，应以非法拘禁罪、强奸罪数罪并罚。

编写人：福建省厦门市海沧区人民法院　卢建斌　邱碧蓉

12

收买他人信用卡后加价转卖行为如何定罪

——高某妨害信用卡管理案

【案件基本信息】

1. 裁判书字号

福建省厦门市海沧区人民法院（2019）闽0205刑初282号刑事判决书

2. 案由：妨害信用卡管理罪

【基本案情】

福建省厦门市海沧区人民法院经公开审理查明：2018 年 12 月，被告人高某为赚取差价，向李某兰等 10 人收购 12 张银行卡，并卖给他人。后其卖出的户名为李某兰、高某媚的银行卡，被诈骗分子用于流转居住于厦门市海沧区某街道新垵村北片 ××× 号 ××× 室的被诈骗款项。

2019 年 1 月 10 日，公安机关在江西省吉安市永丰县恩江镇大园村大园自然村 11 号 X 楼将被告人高某抓获，并依法扣押 OPPO 牌手机二部、笔记簿一本。到案后，被告人高某如实供述上述犯罪事实。扣押在案的 OPPO 牌手机二部、笔记簿一本已随案移送。

【案件焦点】

行为人收买他人信用卡后加价转卖的，构成妨害信用卡管理罪还是收买、非法提供他人信用卡信息罪。

【法院裁判要旨】

福建省厦门市海沧区人民法院经审理认为：被告人高某非法持有他人信用卡 12 张，数量较大，其行为已构成妨害信用卡管理罪。公诉机关指控的罪名成立。被告人高某到案后如实供述自己的罪行，系坦白，依法可以从轻处罚。辩护人提出对被告人从轻处罚的相关辩护意见有理，本院予以采纳。

福建省厦门市海沧区人民法院依照《中华人民共和国刑法》第一百七十七条之一第一款第二项、第六十七条第三款、第六十四条，《最高人民法院、最高人民检察院关于办理妨害信用卡管理刑事案件具体应用法律若干问题的解释》第二条第一款之规定，判决如下：

一、被告人高某犯妨害信用卡管理罪，判处有期徒刑八个月，并处罚金人民币一万元；

二、扣押在案的作案工具 OPPO 牌手机二部、笔记簿一本依法予以没收。

【法官后语】

本案审理中，思考的主要问题是针对被告人收购他人信用卡后加价转卖的行为应如何定罪。收购他人信用卡后加价转卖的过程中必然持有信用卡。应该定妨害信用卡管理罪还是收买、非法提供信用卡信息罪?

近年来，各地法院受理多起被告人收购他人信用卡后加价转卖的案件，笔者发现，在罪名的认定上存在分歧，有的定妨害信用卡管理罪，有的则定收买、非法提供信用卡信息罪。而这两个罪名量刑差异悬殊，妨害信用卡管理罪的立案标准是非法持有他人信用卡5张以上，50张以上构成数量巨大，而收买、非法提供他人信用卡信息罪的立案标准为1张以上，5张以上构成数量巨大。

一、非法持有他人信用卡行为的认定

妨害信用卡管理罪的第二项行为是“非法持有他人信用卡，数量较大的”。

1. 对于“非法”的理解。本罪的非法持有他人信用卡行为中的对象是他人的信用卡，信用卡并非国家法律禁止持有物品，其非法性主要体现在这种持有行为不具有合法根据这一点上，也即这种持有并没有他人授权、委托、无因管理等合法根据，其非法性显然就体现在持有行为本身。

2. “他人信用卡”的范围。有观点认为，“他人信用卡”不仅包括真卡，还包括伪造卡、空白卡等；有的则认为，不应包括伪造卡等。笔者认为，从修正案规定妨害信用卡管理罪的内容分析，这里所指的是他人真实有效的信用卡。若是伪造卡，行为人在明知的情况下，完全可以按照妨害信用卡管理罪第一项行为加以认定，而不应该也没有必要将其视为第二项行为。

二、窃取、收买或者非法提供信用卡信息资料行为的认定

《最高人民法院、最高人民检察院关于办理妨害信用卡管理刑事案件具体应用法律若干问题的解释》明确将“窃取、收买、非法提供信用卡信息罪”独立设罪。

窃取、收买或者非法提供信用卡信息资料的行为过程中，必然“持有”信用卡，因此在行为方式上，与非法持有他人信用卡存在一致的地方，但两罪之间存在区别：(1) 犯罪对象不同。前罪的犯罪对象为信用卡本身；而后罪为信用卡信息资料。(2) 行为方式不同。尽管行为方式上存在一致的地方，但前罪表现为妨害信用卡管理的行为；而后罪则表现为窃取、收买或者非法提供他人信用卡信息资料的行为。(3) 犯罪客体不完全相同。两罪名保护的侧重点不同，前罪侵犯的客体主要是金融机构的信誉，侧重保护金融秩序；而后罪侵犯的客体则主要是信用卡所有人的合法权益，更侧重保护持卡人的权益。

本案中，就如何定罪上，主审法官主要考虑以下三点：(1) 犯罪对象上，被告

人犯罪对象为信用卡本身，非信用卡信息资料；(2) 犯罪客体上，被告人通过向他人购买信用卡，并未侵犯信用卡所有人的合法权益，而是金融机构的信誉；(3) 从罪责刑相适应的角度，如果定收买、非法提供他人信用卡信息罪，被告人持有的信用卡数量达 12 张，则应认定为“数量巨大”，处三年以上十年以下有期徒刑，处罚过重，不符合罪责刑相适应原则。综上，生效判决认定被告人收购他人信用卡后加价转卖的行为系非法持有他人信用卡，数量较大，构成妨害信用卡管理罪。

编写人：福建省厦门市海沧区人民法院　卢建斌、尹志泉

13

网络开设赌场案件中的从犯认定标准

——林某等开设赌场案

【案件基本信息】

1. 裁判书字号

福建省厦门市海沧区人民法院（2019）闽 0205 刑初 179 号刑事判决书

2. 案由：开设赌场罪

【基本案情】

福建省厦门市海沧区人民法院经公开审理查明：2017 年 2 月至 2018 年 7 月，被告人林某组织何某琳（另案处理）、被告人陈某、张某、何某、庄某以及魏某、洪某、朱某（均另案处理）等人，先后在本市湖里区、龙海市、本市海沧区某小区一期 N5 栋 1605 室等地，建立“新世纪”“皇家”赌博微信群（以下分别简称“新世纪群”“皇家群”），利用互联网、移动通讯终端传输数据，通过支付宝、银行账户转账等方式远程收支赌资、兑换赌博积分，以押注等网站的开奖结果为赌博方式，组织网络赌博活动，供不特定人员参赌，累计赌资达 53861384.09 元，违法所得总额 100 万元以上。其中，被告人陈某伙同林某采取上述方式开设赌场，累计赌资达 7159169.10 元。被告人张某、何某、庄某伙同林某采取上述方式开设赌场，

累计赌资达35253938.04元。其中：（1）2017年7月至2018年7月，被告人林某组织他人采取上述方式经营"皇家群"，累计赌资达18607446.05元。2018年5月至2018年7月，被告人陈某协助被告人林某管理"皇家群"的经营活动。被告人陈某负责布置工作、现场组织管理魏某、朱某、洪某收支赌资、召集会议等，其协助管理"皇家群"期间累计赌资达7159169.10元。（2）2017年2月至2018年7月，被告人张某、何某、庄某先后受雇于被告人林某，提供各自的支付宝账号、银行账户供赌场经营活动使用，负责"新世纪群"盯盘、与赌客沟通、收支赌资、兑换赌博积分、记账等经营活动，享有包食宿，每月领取固定工资5000元，并获得2.5万元以上的分红款。被告人张某、何某、庄某直接管理期间"新世纪群"累计赌资达35253938.04元。

另查明，被告人陈某于开设赌场期间，累计领取工资10000元；被告人张某于开设赌场期间累计领取工资78300元及分红款30000元；被告人何某于开设赌场期间累计领取工资70000元及分红款30000元；被告人庄某于开设赌场期间累计领取工资70000元及分红款25000元。

【案件焦点】

被告人陈某经授意对赌博微信群进行管理，且未出资、持股、分红，是否构成开设赌场罪以及其在共同犯罪中的地位及作用。

【法院裁判要旨】

福建省厦门市海沧区人民法院经审理认为：

一、关于赌资数额

在案证据证实张某等被告人在入职时应公司要求办理银行卡，并交给公司使用，其本人从未使用过，且因此每人每个月多得1000元的薪资，且被告人经营的赌博群只有"新世纪群"和"皇家群"，"新世纪群"使用的仅有其员工张某、何某、庄某三人名下的银行卡，据此可得出魏某、洪某、朱某三人所开设的银行卡均用于"皇家群"的结论。洪某并未使用过其名下交通银行卡、民生银行卡、招商银行卡，故起诉指控认定的方法并无不当。

二、被告人林某违法所得认定

被告人张某、何某、庄某是按照盈利部分的2.5%进行分红，且案发时三人均已获得分红款 2.5 万元以上，按此标准计算开设赌场的违法所得总额显然在 100 万元以上。起诉指控针对的是被告人林某开设赌场违法所得的总数额，并无不当。扣除已发放的分红款 8.5 万元，被告人林某个人违法所得应在 91.5 万元以上。

三、被告人陈某是否构成开设赌场罪

被告人陈某虽非赌博网站的建立者，但其明知他人已建立赌博网站，仍然接受被告人林某的安排，通过邀请人员加入微信群的方式招揽赌客，根据竞猜等网站的开奖结果，设定赔率，以押大小、单双等方式进行赌博，利用微信群进行管理，其行为显然构成开设赌场罪。

四、被告人陈某在共同犯罪中的地位、作用

1. 赌场系被告人林某出资设立，被告人林某系赌场的出资者及组织者，被告人陈某并未出资，也未持股；

2. 被告人林某与被告人陈某之间的“办公室要交代清楚”“看清楚，上面三倍的，下面 5 倍不可以”“顺便做端午，中单点 05、15、25 截图至客服领取端午福利 38，端午活动部分老玩家和新玩家”“整理好后发给我看”等微信聊天记录，证实了被告人陈某虽有对“皇家群”进行布置工作、召集会议等实际具体的管理，但其实质上是经被告人林某授意对该群进行协助管理；

3. 被告人陈某与本案被告人张某、何某、庄某一样每月领取工资 5000 元，案发时一共领取工资 10000 元，且被告人陈某未获得任何分红款，本案也无证据证明其与被告人林某之间就盈利分红有相关约定。综上，被告人陈某在共同犯罪中起次要作用，应认定为从犯。

福建省厦门市海沧区人民法院依照《中华人民共和国刑法》第三百零三条第二款、第二十五条第一款、第二十六条第一款、第二十七条、第六十七条、第六十四条之规定，判决如下：

一、被告人林某犯开设赌场罪，判处有期徒刑四年，并处罚金人民币 10 万元；

二、被告人陈某犯开设赌场罪，判处有期徒刑二年，并处罚金人民币 1 万元；

三、被告人张某犯开设赌场罪，判处有期徒刑一年四个月，并处罚金人民币 5000 元；

四、被告人何某犯开设赌场罪，判处有期徒刑一年二个月，并处罚金人民币 5000 元；

五、被告人庄某犯开设赌场罪，判处有期徒刑一年一个月，并处罚金人民币5000元；

六、被告人林某违法所得人民币915000元、被告人陈某违法所得人民币10000元、被告人张某违法所得人民币108300元、被告人何某违法所得人民币100000元、被告人庄某违法所得人民币95000元，依法予以追缴；

七、扣押在案的作案工具，依法予以没收。

【法官后语】

随着电子信息时代的发展，利用微信、支付宝等即时通信工具进行赌博犯罪的现象层出不穷。行为人建立微信群，以邀请人员加入微信群的方式招揽赌客，根据竞猜网站开奖结果等方式按一定的输赢规则进行赌博，通过支付宝、微信等转账方式接受投注并从中牟利，在一段时间内利用管理控制微信群持续组织网络赌博活动的，其行为构成开设赌场罪。

本案重点关注开设赌场罪的主从犯认定问题。网络开设赌场犯罪往往是多人共同犯罪，涉及人数多，分工复杂、隐蔽，行为人地位查清难度大，较之传统赌博犯罪的主从犯认定更为困难。《最高人民法院、最高人民检察院、公安部关于办理网络赌博犯罪案件适用法律若干问题的意见》规定了建立赌博网站并接受投注，建立赌博网站并提供给他人组织赌博，为赌博网站担任代理并接受投注，参与赌博网站利润分成均构成开设赌场罪，但该条款并未对主从犯认定作出指导，实践中的做法也不尽相同。如有的法院为了统一量刑尺度，将绝大部分的代理行为人认定为从犯；有的法院认为上下级代理之间如果不存在服务与被服务的关系，则不构成共同犯罪，更无从区分主从犯；此外，对于"建立赌博并提供给他人组织赌博，违法所得在3万元以上的"虽属于情节严重，但对于该部分人员属于主犯还是从犯，亦存在争议。

虽然实务中仍存在诸多问题，但一般而言，在认定从犯时，应根据行为人在共同犯罪中所处的地位、所起的作用、对共同故意形成的作用，参与的事务及参与程度、参与时间长短、具体行为形态、获利形式及多少等予以综合判断。本案被告人陈某非赌博微信群的建立者，亦非开设赌场犯意的直接提起者，但其明知被告人林某建立赌博微信群并接受不特定人员参赌，仍在林某的安排下管理微信群，主观上具有共同犯罪的故意，认定其为开设赌场罪的共犯并无不妥。但在主从犯认定中，公诉机关关于其与第一被告人林某地位、作用相当，应认定为主犯的指控意见则有待商榷。笔者认为，首先，从身份地位和作用看，陈某受雇于林某，听命于主犯林某的指挥，在共同犯罪中的作用次要。最后，从获利情况看，陈某不是赌场的出资者，也未持有赌场的股份，未获得任何分红款，其获利渠道仅为林某所发放的工资，并不享有主犯的直接支配权。再次，从参与的事务看，其负责布置工作、现场组织管理魏某等人收支赌资、召集会议等，实际参与了开设赌场罪的实行行为，但该事务均由主犯林某安排决定，陈某并未有决策权，其工作职责仅为协助管理。最后，从参与的时间看，本案微信群的存续时长为一年，而陈某参与犯罪的时长仅为两个月，犯罪时间明显较短。综合分析，被告人陈某在整体的犯罪过程中起次要作用，应宜定为从犯。

编写人：福建省厦门市海沧区人民法院　卢建斌　邱碧蓉

14

寻衅滋事罪与故意伤害罪的区分

——舒某1寻衅滋事案

【案件基本信息】

1. 裁判书字号

湖南省怀化市中级人民法院（2019）湘12刑终505号刑事裁定书

2. 案由：寻衅滋事罪

【基本案情】

湖南省溆浦县人民法院经公开审理查明：2013年8月18日17时许，被告人舒某1的叔叔舒某2在祖师殿镇杨某家中开设的“虾米”“鱼儿”赌场参赌时与人发生冲突。事发后，一个叫朱某的人告诉舒某1，舒某2在杨某家赌博时和人打架了。被告人舒某1听说后，立即驾车回家去拿刀，途中碰到其朋友肖某、向某，被告人舒某1邀二人上车。被告人舒某1下车回家后从家中取了一把西瓜刀（长约40公分），路过舒某3家门口时看到了舒某3，被告人舒某1便又邀请舒某3一起去。上车后被告人舒某1将西瓜刀放在副驾驶室的座位下面，然后驾车带着肖某、向某、舒某3三人开往祖师殿镇方向。在车上，被告人舒某1将舒某2在杨某家赌场与人打架一事告诉了其他三人，将一起去看看。被告人舒某1一伙行驶到油洋乡与祖师殿镇交界处时看到了舒某2，被告人舒某1叫舒某2上车，然后继续往祖师殿镇某某村方向行驶。当车行驶到某某村的公路边时，被告人舒某1一伙人看到了杨某，舒某2问杨某赌场的低庄庄家去向，杨某讲庄家已经走了。于是被告人舒某1驾车往低庄方向追赶，追了近二公里没追上。在返回油洋乡的途中，肖某提议说，杨某和低庄人一起开设赌场，去找杨某也一样。被告人舒某1于是驾车返回某某村找到杨某，并和舒某2一起下车询问杨某赌场庄家姓名和电话号码，杨某不愿意提供。被告人舒某1就要求杨某上车，但杨某不愿意上车。被告人舒某1于是从其驾驶的小车副驾驶室里拿出事先准备好的西瓜刀朝杨某砍去，杨某用左手挡了一下，刀砍在杨某的左手肘上。杨某被砍伤后被迫上车，因杨某上车后左手肘流血不止，被告人舒某1一伙人将杨某送到油洋乡卫生院后驾车离开。

2013年8月26日，经溆浦县公安局物证鉴定室鉴定，被害人杨某的人体损伤程度为轻伤。2019年3月18日，溆浦县人民检察院委托怀化市正威司法鉴定所对被害人杨某的伤情进行重新鉴定，经怀化市正威司法鉴定所鉴定，被害人杨某的人体损伤程度为轻微伤。

2019年2月26日，被告人舒某1赔偿了被害人杨某医疗费人民币24000元，被害人杨某对被告人舒某1表示谅解。

另查明，被告人舒某1因犯诈骗罪于2018年9月28日被安徽省安庆市大观区人民法院判处有期徒刑一年十个月，缓刑二年，并处罚金人民币2万元。缓刑考验期限自2018年10月9日起至2020年10月8日止。在该次判决中，判决前被告人舒某1被先行羁押了37天，所判处的罚金人民币2万元已缴纳。

【案件焦点】

被告人舒某1的行为定性问题，如何区分寻衅滋事罪和故意伤害罪。

【法院裁判要旨】

湖南省溆浦县人民法院经审理认为：被告人舒某1持凶器随意殴打他人，情节恶劣，破坏社会秩序，其行为已构成寻衅滋事罪。

关于被告人舒某1及其辩护人提出的“被告人舒某1的行为应定性为故意伤害行为”的辩护意见，经查，被告人舒某1听说其叔叔舒某2在赌场与人打架后，准备了凶器，邀集了他人去实施报复。在未找到与舒某2发生冲突的低庄人后，持刀砍伤了被害人杨某，其主观上具有逞强耍横，借故生非的故意，客观上实施了持凶器随意殴打他人的行为，其行为符合寻衅滋事罪的主客观要件，应当以寻衅滋事罪对被告人舒某1定罪处罚。被告人舒某1及其辩护人提出的辩护意见理由不成立，不予采纳。

湖南省溆浦县人民法院依照《中华人民共和国刑法》第二百九十三条第一款第一项、第六十七条第三款、第七十七条第一款、第六十九条第一款、第三款及《最高人民法院、最高人民检察院关于办理寻衅滋事刑事案件适用法律若干问题的解释》第二条第四项之规定，判决如下：

被告人舒某1犯寻衅滋事罪，判处有期徒刑八个月，撤销前犯诈骗罪所判处的有期徒刑一年十个月，缓刑二年，并处罚金人民币2万元的缓刑执行部分，决定执行有期徒刑二年，并处罚金人民币2万元。

被告人舒某1持原审辩解提起上诉。湖南省怀化市中级人民法院经审理认为：舒某1借故生非在公共场所邀集多人持凶器随意殴打他人，情节恶劣，破坏了社会公共秩序，其行为已构成寻衅滋事罪。舒某1及其辩护人提出，本案中舒某1的行为既不构成故意伤害罪，也不构成寻衅滋事罪，执法机关根据需要任意选择时间和罪名，存在法律适用错误的理由和辩护意见，经查，舒某1的行为在时间、地点、对象、理由、方式的选择上具有明显的随意性，主观上具有逞强耍横，借故生非的故意，客观上实施了持凶器随意殴打他人的行为，其行为符合寻衅滋事罪的主客观要件，应当以寻衅滋事罪定罪处罚。本案在案发五年之后才予以立案确有不妥但尚在法定追诉期内，公安机关先以涉嫌故意伤害罪立案，在故意伤害罪不构成的情况下又以涉嫌寻衅滋事罪立案，没有违反法律规定，案件的关键在于舒某1的行为已经构成了寻衅滋事罪。综上所述，舒某1及其辩护人提出的上诉理由和辩护意见均不成立，不予采纳。

湖南省怀化市中级人民法院依照《中华人民共和国刑事诉讼法》第二百三十六条第一款第一项之规定，裁定如下：

驳回舒某1的上诉，维持原判。

【法官后语】

本案处理重点在于对被告人行为定性的问题。最高人民法院和最高人民检察院联合发布的《最高人民法院、最高人民检察院关于办理寻衅滋事刑事案件适用法律若干问题的解释》（以下简称《解释》）对寻衅滋事行为的认定作了专门的规定。根据《解释》的规定，对寻衅滋事行为的认定，可通过行为人的主观故意、客观行为和所侵害的客体综合考察。

具体到本案中，一审和二审法院都认为舒某1在村公路边持刀将杨某砍伤，在主客观方面均符合寻衅滋事罪的构成要件。虽然舒某1辩称其砍伤他人的行为系事出有因，主观目的是伤害他人，没有危害社会公共秩序，但根据《解释》第一条第二款之规定，寻衅滋事行为并非一概出于无事生非，也可以出于借故生非。舒某1因偶发矛盾纠纷，就在公共场所持刀将杨某砍伤，其主观上具有逞强耍横的故意，客观上对当地社会秩序造成恶劣影响。且根据《解释》第二条第四项的规定，舒某1持凶器随意殴打他人，符合随意殴打他人，情节恶劣的认定标准。

在司法实践中，寻衅滋事罪与其他相关犯罪或一般违法行为的区分具有一定难度，尤其是随意殴打他人情节恶劣的寻衅滋事罪和故意伤害罪的区分。故意伤害罪是指故意非法损害他人身体健康的行为。寻衅滋事罪是指随意殴打他人，情节恶劣的行为。具体区别如下：一、在主观方面，故意伤害罪主要是指明知自己的行为会伤害他人的身体健康，并且希望或放任这种结果发生的行为。而寻衅滋事罪中的殴打是一种随意性的行为，其主观方面是明知自己的行为会发生破坏社会秩序的危害结果，并且希望这种结果发生，其动机就是为了发泄情绪、无事生非、逞强耍横等不正常的主观心态。二、客观方面，故意伤害罪所侵害的对象比较特定，一般是有矛盾过节的人，且在伤害行为之前往往有一个准备的过程。而寻衅滋事罪侵害的对象比较随意，只是为了发泄情绪、逞强耍横而不计后果，在行为发生时大多是临时起意的，对他人无理无故进行殴打。三、客体方面，故意伤害罪所侵害的是他人身体健康，是单一客体。而随意殴打构成寻衅滋事罪所侵害的不仅是他人身体健康权，还扰乱了社会公共秩序。

编写人：湖南省怀化市溆浦县人民法院　文梦蝶

15

以非法获利目的买卖亲生子女是犯罪行为

——张某、陈某萍、何某秀拐卖儿童案

【案件基本信息】

1. 裁判书字号

湖南省蓝山县人民法院（2019）湘1127刑初273号刑事判决书

2. 案由：拐卖儿童罪、收买被拐卖儿童罪

【基本案情】

2019年1月至3月，被告人张某、陈某萍与被告人何某秀共谋，约定待被告人陈某萍生产后，将婴儿“送”给被告人何某秀，但未谈妥价钱。同年3月14日，被告人陈某萍在蓝山县中心医院生一男婴。次日，被告人何某秀来蓝山找到被告人张某、陈某萍。双方经过讨价还价，最后以80000元成交，被告人何某秀遂将男婴带回家中抚养，无虐待行为。事后，被告人张某、陈某萍多次通过微信向被告人何某秀索要80000元，被告人何某秀通过微信将5000元转账给被告人张某、陈某萍，并许诺余款以后再付。同年5月22日，蓝山县公安局民警到广东省东莞市寮步镇将男婴解救，被告人何某秀无阻碍解救行为。

2019年8月7日，被告人张某、陈某萍主动到贵州省贞丰县公安局投案。

【案件焦点】

以送养之名出卖亲生子女与民间送养行为的界限。

【法院裁判要旨】

湖南省蓝山县人民法院经审理认为：对于被告人张某、陈某萍、何某秀三人之间的行为是送养与收养关系，被告人张某、陈某萍没有非法获利目的，被告人张某、陈某萍的行为不构成拐卖儿童罪、被告人何某秀的行为不构成收买被拐卖儿童

罪的辩护意见。经查明，在婴儿还未出生前双方约定待被告人陈某萍分娩后将婴儿交给被告人何某秀，当时被告人张某就欲向何某秀索要20万元，因价格过高而未谈妥，之后被告人何某秀又前往广东省东莞市与被告人张某、陈某萍再次商谈价格，在陈某萍分娩后被告人张某就立即通知何某秀，双方在陈某萍分娩后第二天通过讨价还价将价格约定为80000元，何某秀立即把新生婴儿抱走，双方约定的交易价格已明显是不属于“营养费”“感谢费”的巨额钱财，且在何某秀未及时支付款项时，被告人张某、陈某萍多次通过微信向何某秀追讨、索要该款项，从其事前、事后索要钱款的行为可得出被告人张某、陈某萍与被告人何某秀之间的行为不属于送养和收养的关系，而是符合买卖交易习惯的买卖关系。故三辩护人及被告人何某秀的辩护意见，均不予采纳。

湖南省蓝山县人民法院依照《中华人民共和国刑法》第二百四十条、第六十七条第一款、第二十五条第一款、第五十二条、第五十三条第一款之规定；同时对被告人张某适用《中华人民共和国刑法》第二十六条第一款、第四款之规定；对被告人陈某萍同时适用《中华人民共和国刑法》第二十七条，第七十二条第一款，第七十三条第二款、第三款；对被告人何某秀同时适用《中华人民共和国刑法》第二百四十一条第一款、第六款之规定，判决如下：

一、被告人张某犯拐卖儿童罪，判处有期徒刑三年，并处罚金人民币2万元；

二、被告人陈某萍犯拐卖儿童罪，判处有期徒刑二年，缓刑二年六个月，并处罚金人民币1万元；

三、被告人何某秀犯收买被拐卖的儿童罪，判处有期徒刑七个月。

【法官后语】

本案重点主要在于对被告人主观认为是送养行为实则是借送养之名出卖亲生子女行为的其行为违法的事实认定。2010年9月，在最高法新闻发布会上，明确以非法获利为目的，出卖亲生子女将依法追究行为人的刑事责任。根据其“非法获利”的认定，在拐卖妇女儿童罪中，为收取明显不属于“感谢费”“营养费”的钱财将子女“送”给他人的行为，都可以认定为非法获利。

具体到本案中，一审法院认定，在婴儿还未出生前双方约定待被告人陈某萍分娩后将婴儿交给被告人何某秀，当时被告人张某就欲向何某秀索要20万元，后又因价格问题双方多次协商，并在陈某萍分娩后，将价格约定为80000元，何某秀立即把新生婴儿抱走。从双方主观认识和行为上来看，双方约定的交易价格已明显是不属于“营养费”“感谢费”的巨额钱财，且在何某秀未及时支付款项时，被告人张某、陈某萍多次通过微信向何某秀追讨、索要该款项。通过审查将子女“送”人的背景和原因、有无收取钱财及收取钱财的多少、对方是否具有抚养目的及有无抚养能力等事实，可以综合判断行为人是具有非法获利的目的，应当以拐卖妇女、儿童罪论处。

编写人：湖南省蓝山县人民法院　晏斐斤

16

在恶势力团伙犯罪个案中应充分考虑犯罪动机和目的对罪名认定的影响

——胡某等寻衅滋事，胡某赌博、程某和叶某故意伤害案

【案件基本信息】

1. 裁判书字号

湖北省黄冈市中级人民法院（2019）鄂11刑终334号刑事裁定书

2. 案由：寻衅滋事罪、赌博罪、故意伤害罪

【基本案情】

胡某在其经营的迎丰山庄内多次邀约他人打麻将，因其赌博输钱，怀疑麻将机内安装了作弊装置。2017年2月17日，胡某找人将迎丰山庄×××房间内麻将机拆开，发现麻将机内装有作弊装置。胡某联系方某等在此打麻将的人，并让其来到迎丰山庄，并质问是谁安装了作弊装置，方某等人均予以否认。后胡某联系出售该麻将机的陈某到迎丰山庄，并打电话给郑某要其帮忙处理此事。郑某、周某、程某、叶某、王某、徐某得知此事，先后到迎丰山庄×××房间。在此房间内，胡某逼问

陈某，要其交出在麻将机内安装作弊装置的人，如果他不指出安装的人，就要拿出20万元赔偿自己打麻将输钱的损失。陈某否认自己安装了作弊装置，并表明不清楚安装的人员。胡某安排郑某等人处理此事，郑某采取甩耳光、徐某采取辱骂的方式逼迫陈某交出安装麻将机作弊装置的人员，陈某被逼无奈，答应赔偿胡某5万元。随后，郑某驾车带陈某去取钱。陈某找汤某借钱，汤某给陈某20000元现金和一张信用卡。陈某到裴某商店里刷卡取现金29000元，后与郑某等人一起回到迎丰山庄。陈某将现金49000元交给郑某，郑某将钱交给胡某。胡某拿出其中一部分钱给郑某，安排郑某将钱分给在场的周某、王某、程某、叶某、徐某。随后，陈某经胡某的同意离开迎丰山庄。当晚，胡某决定将钱退还给陈某，安排叶某筹集资金与郑某到其住所。胡某在叶某、郑某的见证下将钱退还给陈某，并当场拍照留存。

公诉机关以胡某等上述犯罪行为涉嫌抢劫罪向法院提起公诉，胡某等及其辩护人认为上述行为构成寻衅滋事罪，不构成抢劫罪。

【案件焦点】

胡某等的行为系构成寻衅滋事罪还是抢劫罪。

【法院裁判要旨】

湖北省英山县人民法院经审理认为：胡某等以耍威风、逞强斗狠为动机，以麻将机被安装作弊程序为由，强行索要他人的财物，情节严重，其行为构成寻衅滋事罪。综合本案中的其他寻衅滋事、赌博、故意伤害的犯罪事实，依照《中华人民共和国刑法》第二百九十三条第一款第一项、第三项、第四项、第三百零三条第一款、第二百三十四条第一款、第十七条、第二十五条、第二十六条、第二十七条、第六十五条、第六十七条、第六十九条、第七十条之规定，作出如下判决：

被告人胡某犯寻衅滋事罪，判处有期徒刑六年；犯赌博罪，判处有期徒刑六个月，并处罚金人民币10000元；数罪并罚，决定执行有期徒刑六年，并处罚金人民币10000元；

被告人程某犯寻衅滋事罪，判处有期徒刑三年十个月；犯故意伤害罪，判处有期徒刑一年二个月；数罪并罚，决定执行有期徒刑四年六个月；

被告人叶某犯寻衅滋事罪，判处有期徒刑四年；犯故意伤害罪，判处有期徒刑一年；数罪并罚，决定执行有期徒刑四年六个月；

被告人郑某犯寻衅滋事罪，判处有期徒刑三年六个月，原判余刑一年二个月十六日；数罪并罚，决定执行有期徒刑四年六个月；

被告人周某犯寻衅滋事罪，判处有期徒刑二年九个月；

被告人王某犯寻衅滋事罪，判处有期徒刑二年四个月；

被告人徐某犯寻衅滋事罪，判处有期徒刑二年二个月；

被告人胡某2犯寻衅滋事罪，判处有期徒刑一年六个月；

被告人段某犯寻衅滋事罪，判处有期徒刑十个月；

被告人张某犯寻衅滋事罪，判处有期徒刑一年四个月；

被告人江某犯寻衅滋事罪，判处有期徒刑一年四个月；

被告人胡某3犯寻衅滋事罪，判处有期徒刑一年四个月；

被告人谭某犯寻衅滋事罪，判处有期徒刑一年四个月。

一审宣判后，一审公诉机关英山县人民检察院以一审判决认定罪名定性错误、适用法律不当、重罪判轻罪等为由提出抗诉，部分被告人以量刑过重为由提出上诉，后黄冈市人民检察院在黄冈市中级人民法院二审期间撤回抗诉。黄冈市中级人民法院经审理认为：周某、徐某、胡某2、段某、张某、江某、胡某3、谭某为逞强斗狠、强行索要财物，情节恶劣，在公共场所随意殴打他人，情节恶劣，其行为均构成寻衅滋事罪。原审判认定的事实清楚，证据确实充分，定罪准确、量刑适当，审判程序合法，黄冈市人民检察院撤回抗诉符合法律规定。依照《中华人民共和国刑事诉讼法》第二百三十六条的第一款第一项、《最高人民法院关于适用〈中华人民共和国刑事诉讼法〉的解释》第三百零七条、第三百零八条之规定，作出如下裁定：

一、准许湖北省黄冈市人民检察院撤回抗诉；

二、驳回上诉，维持原判。

【法官后语】

本案公安机关以寻衅滋事罪立案侦查、检察机关以抢劫罪逮捕并以抢劫罪提起公诉，本院审理中的主要焦点在于对上文中审理查明的事实中胡某等人行为的定性，系抢劫罪还是寻衅滋事罪。另外，本案系恶势力团伙犯罪案件，尽管对该起犯罪事实罪名的认定不影响对涉案人员恶势力犯罪团伙性质的认定，但对参与该起犯罪行为人员的量刑影响较大。

胡某在认为自己的麻将机被安装了作弊装置的情况下，强行要求该麻将机的出售人陈某到其经营的迎丰山庄指认安装作弊装置的人，在陈某未能指认的情况下，要求其赔偿其打麻将的损失。综合案件情况进行分析，在案发的迎丰山庄×××房间内，除胡某等涉案人员外，还聚集有与胡某一起打麻将的其他人员，胡某怀疑其他人员系安装作弊装置的人员，在要求陈某指认无果的情况下，要求陈某赔偿其打麻将输钱的损失，其主观上是耍威风、逞强斗狠的目的，而不是非法占有陈某财物的目的。同案人员徐某、郑某采取了打耳光、辱骂陈某的方式，陈某被逼无奈在郑某等人的陪同下向他人借钱交给了胡某等，综合陈某、胡某等的陈述以及其他证人证言进行分析，这一过程中的暴力程度并未达到使陈某不能反抗、不敢反抗的程度，陈某交付财物是基于处理纠纷的委屈妥协。故一审判决结合犯罪动机、主观故意、客观行为、案件现场情况、暴力使用程度、被害人陈某交付财物的心理原因等审理查明的全部事实进行综合评判，认为胡某等人以耍威风、逞强斗狠为动机，以麻将机被安装作弊程序为由，强行索要他人的财物，情节严重，其行为构成寻衅滋事罪，以寻衅滋事罪对该起犯罪行为的参与人进行定罪量刑。

《关于办理恶势力刑事案件若干问题的意见》提出，人民法院要坚持依法办案，确保在案件事实清楚，证据确实、充分的基础上，准确认定恶势力和恶势力犯罪集团，坚持防止人为拔高或者降低认定标准。本案对上述犯罪事实罪名的最终认定，体现了审判机关坚持司法公正，严格把握法律政策界限，本着实事求是的态度，在准确查明事实的基础上，围绕刑事犯罪的认定标准和界限，切实做到罚当其罪，实现了良好的法律效果和社会效果。

编写人：湖北省英山县人民法院　姜润琳

17

在微信群发布不当言论亵渎英烈事迹和精神，情节严重的，构成寻衅滋事罪

——黄某奕寻衅滋事案

【案件基本信息】

1. 裁判书字号

福建省顺昌县人民法院（2019）闽0721刑初127号刑事附带民事判决书

2. 案由：寻衅滋事罪

【基本案情】

2019年3月30日，四川凉山州木里县发生森林火灾，在抢险救灾的过程中，27名森林消防指战员和3名地方扑火队员牺牲。2019年4月2日至4月5日，黄某奕为发泄不满情绪、引起社会关注，多次使用237565××××的QQ账号（昵称："郁闷的人"）在群名10余个QQ群内随意辱骂四川凉山救火牺牲的消防员、四川籍明星等，影响网民人数共计10000余人，同时使用huang1310767××××的微信账号（昵称："晴天房间"）在信群内随意辱骂四川消防烈士，引起网民强烈愤慨。

2019年4月6日，黄某奕在家中被公安机关传唤到案，到案后如实供述自己的犯罪事实。

另查明，2019年5月30日，顺昌县退役军人事务局向顺昌县人民检察院出具了《关于黄某奕污辱烈士一案需要人民检察院提起诉讼的报告》。2019年6月21日，顺昌县人民检察院在《检察日报》刊登了《公告》，拟对本案提起刑事附带民事公益诉讼，现公告期已满。

庭审中，黄某奕主动向英雄烈士家属及社会公众道歉。

【案件焦点】

黄某奕在微信群内发布不当言论亵渎英烈，是否构成寻衅滋事罪。

【法院裁判要旨】

福建省顺昌县人民法院经审理认为：英雄烈士的姓名、肖像、名誉和荣誉等不仅属于英雄烈士本人及其近亲属，更是社会正义的重要组成内容，承载着社会主义核心价值观，具有社会公益性质。

黄某奕公然藐视国家法纪和社会公德，在互联网上对救火牺牲的消防员及他人发表带有侮辱性质的不当言论，引起网民强烈愤慨，造成了恶劣的社会影响，破坏了社会秩序，其行为已构成寻衅滋事罪。公诉机关指控的事实和罪名成立。鉴于黄某奕到案后如实供述自己的犯罪事实，在庭审中自愿认罪、悔罪，依法予以从轻处罚。

黄某奕在互联网上对救火牺牲的消防员发表带有侮辱性质的不当言论，亵渎了英雄烈士的事迹和精神，侵害了英雄烈士的名誉权和荣誉权，损害了社会公共利益，在承担刑事责任的同时，还应依法承担民事侵权责任。附带民事公益诉讼起诉人要求黄某奕在国家级媒体上书面公开赔礼道歉、消除影响的诉讼请求，符合法律规定，本院予以支持。

综上，依照《中华人民共和国刑法》第二百九十三条第一款第二项、第六十七条第三款、第六十四条，《中华人民共和国英雄烈士保护法》第二十二条、第二十五条第二款、第二十六条，《中华人民共和国侵权责任法》第十五条，《最高人民法院、最高人民检察院关于办理利用信息网络实施诽谤等刑事案件适用法律若干问题的解释》第五条第一款，《最高人民法院、最高人民检察院关于办理寻衅滋事刑事案件适用法律若干问题的解释》第三条第一项及《最高人民法院、最高人民检察院关于检察公益诉讼案件适用法律若干问题的解释》[①] 第二十条的规定，遂作出如下判决：

一、被告人黄某奕犯寻衅滋事罪，判处有期徒刑七个月；

二、被告人黄某奕应于本判决生效之日起十日内在国家级媒体上书面公开赔礼

---

① 此处指 2018 年发布的《最高人民法院、最高人民检察院关于检察公益诉讼案件适用法律若干问题的解释》，其已于 2020 年修正，本书收录的案例均裁判于其修改生效前，适用的是当时有效的司法解释，下文将不再对此进行提示。

道歉、消除影响。

【法官后语】

一、侵害英雄烈士名誉就是损害公共利益

《中华人民共和国英雄烈士保护法》第二十六条规定："以侮辱、诽谤或者其他方式侵害英雄烈士的姓名、肖像、名誉、荣誉，损害社会公共利益的，依法承担民事责任；构成违反治安管理行为的，由公安机关依法给予治安管理处罚；构成犯罪的，依法追究刑事责任。"英雄烈士的姓名、肖像、名誉和荣誉等不仅属于英雄烈士本人及其近亲属，更是社会正义的重要组成内容，承载着社会主义核心价值观，具有社会公益性质。侵害英雄烈士名誉就是对公共利益的损害。

二、侵害英雄烈士名誉应承担相应的责任

27名森林消防指战员和3名地方扑火队员为保护国家森林资源和人民群众生命财产安全而壮烈牺牲，他们的事迹和精神，是社会主义核心价值观的重要体现，全社会都应当崇尚和学习。被告人在人数众多的微信群发布不当言论亵渎英烈事迹和精神，贬损英烈名誉，超出了言论自由的范围，其行为不仅损害了英烈的个人人格利益，而且伤害了社会公众的感情，损害了社会公共利益，依法应当承担相应的法律责任。本案中，被告人黄某奕多次在微信群、QQ群随意辱骂四川消防烈士，引起网民强烈愤慨，情节严重，构成寻衅滋事罪。

三、本案对弘扬社会主义核心价值观有示范引导作用

本案公正高效地审理，不仅是在个案中实现公平正义的要求，更是利用法治手段规范人们的网络行为、治理网络违法违规现象，保护公民合法民事权益的重要手段，通过对保护英雄烈士的宣传，对于依法维护英雄烈士光辉形象、崇尚英雄、敬仰先烈，弘扬社会主义核心价值观具有重要的示范引导作用。

编写人：福建省顺昌县人民法院 洪琪琳

18

故意伤害与正当防卫的界定

——文某某故意伤害案

【案件基本信息】

1. 裁判书字号

广东省汕头市澄海区人民法院（2019）粤0515刑初771号刑事判决书

2. 案由：故意伤害罪

【基本案情】

广东省汕头市澄海区人民法院经审理查明：2019年6月27日5时许，被告人文某某与被害人王某某在澄海区莲下镇南湾村莲南路一处建筑工地内发生口角，王某某持铁锤砸打文某某，文某某在该工地内捡起一根钢管进行反击，王某某往工地外跑，文某某仍持钢管追打王某某，追至工地外的莲南路时，文某某用钢管砸中王某某的头部，致王某某受伤倒地。2019年7月2日，被告人文某某经公安机关通知到案接受调查。

案发后，被告人文某某已为被害人王某某垫付了部分医疗费用。

经广东省汕头市澄海区公安司法鉴定中心鉴定：文某某身体多处擦伤，未达轻微伤；王某某符合案发时被他人用钝性暴力作用致头部挫擦伤及创口、骨折、蛛网膜下腔出血、脑出血、脑挫裂伤伴神经系统症状和体征，属重伤二级。

公诉机关指控被告人文某某持械故意伤害他人身体，致一人重伤二级，应当以故意伤害罪追究其刑事责任。对公诉机关的指控，被告人文某某没有异议，表示认罪。文某某的辩护人辩护称被告人的行为构成正当防卫，不应定罪处罚；如果对被告人应当定罪处罚，被告人的行为应定性为过失致人重伤罪。

【案件焦点】

被告人的行为应认定为故意伤害还是正当防卫。

【法院裁判要旨】

广东省汕头市澄海区人民法院经审理认为：被告人文某某无视国家法律，持械故意伤害他人身体，致一人重伤二级，其行为已构成故意伤害罪，依法应追究刑事责任。公诉机关指控被告人文某某所犯罪名成立，予以支持。被告人文某某犯罪后自动投案，如实供述自己的罪行，当庭认罪，系自首；其已为被害人垫付部分医疗费用，且被害人在本案中也存在过错，依法应酌情予以从轻处罚。被告人文某某的辩护人提出被告人的行为构成正当防卫的辩护意见，经查，本案虽是被害人先用铁锤砸打被告人，被告人持钢管进行反击，在被害人往工地外跑，对被告人的不法侵害已经停止后，被告人仍持钢管追打被害人并用钢管砸打被害人头部，故被告人的行为不构成正当防卫，该辩护意见理由不成立，不予采纳；提出被告人构成过失致人死亡罪的辩护意见，经查，被告人明知持钢管砸打被害人头部会造成被害人受伤，仍持钢管追打被害人并用钢管砸打被害人的头部，致被害人重伤，应以故意伤害罪定罪处罚，故该辩护意见理由不成立，不予采纳。

广东省汕头市澄海区人民法院依照《中华人民共和国刑法》第二百三十四条第二款、第六十七条第一款之规定，作出如下判决：

被告人文某某犯故意伤害罪，判处有期徒刑三年。

【法官后语】

本案争议焦点在于对被告人的行为应认定为故意伤害还是正当防卫。根据《中华人民共和国刑法》第二十条第一款规定："为了使国家、公共利益、本人或者他人的人身、财产和其他权利免受正在进行的不法侵害，而采取的制止不法侵害的行为，对不法侵害人造成损害的，属于正当防卫，不负刑事责任"。可见，成立正当防卫要满足目的条件、起因条件、对象条件、时间条件和限度条件五个条件。如果没有同时满足这五个条件的话，则可能成立故意犯罪。

从本案来看，本案虽是被害人王某某先用铁锤打砸被告人，但被告人文某某已持钢管进行反击，从证人证言及被告人的伤情程度反映，被害人王某某的侵害行为已经被有效制止。王某某在被文某某持钢管打击后向工地外逃跑，此时王某某的不法侵害行为已经结束，而文某某仍继续持钢管追打王某某至工地外，持钢管打击王某某的头部，造成王某某重伤。文某某是在王某某停止不法侵害行为后对王某某进行追赶打击，其不是为了制止正在发生的不法侵害，行为已偏离了正当防卫的目的，错过了正当防卫的时机，造成了伤害后果，则构成故意伤害罪，应负刑事责任，而不应认定为正当防卫。

正当防卫的目的在于制止不法侵害，而不是以此对不法侵害者予以惩治或报复。正当防卫只能针对已经开始尚未结束的不法侵害行为实行，如果不法侵害尚未开始或已经结束，且已不存在现实危险的情况下，仍实施防卫，造成侵害人受伤，则成立故意伤害犯罪。在审理过程中，应具体分析行为人当时所面临的境遇及险况的不同，以及注意行为人防卫措施和防卫强度是否得当，分析行为人的主观目的。同时，对于不成立正当防卫的被告人，在量刑时也要考虑被害人在案件中存在的过错，在其罪责对应的法定刑幅度内予以适当从轻处罚，以体现司法的公平正义。

作为裁判者，要准确把握正当防卫与故意伤害的界限标准，一方面要发挥正当防卫的有效性，承认其正当性，为正当防卫的适用留下空间，有利于鼓励公民运用正当防卫的法律武器同不法侵害行为做斗争；另一方面要为理性地理解和适用相关条文，为罪与非罪的评价划定更加明确的界限，避免正当防卫权利被滥用，成为他人实现打击报复等非法目的的工具。

编写人：广东省汕头市澄海区人民法院　林湃潆

（二）共同犯罪

19

共同寻衅滋事致人轻伤如何定性

——刘某洋等寻衅滋事案

【案件基本信息】

1. 裁判书字号

河北省邯郸市曲周县人民法院（2019）冀0435刑初80号刑事判决书

2. 案由：寻衅滋事罪

【基本案情】

2015年2月7日23时30分许，被告人刘某洋、李某东、李某新及刘某等酒后在位于曲周县人民路的金碧辉煌KTV唱歌时，刘某洋无故殴打KTV的经理史某龙，引发三被告人等与史某龙及KTV内的服务生、保安发生争执、厮打。其间，KTV保安胡某洲头部被打伤。同年7月6日，经曲周县公安局法医损伤检验鉴定，胡某洲头皮创损伤程度属于二级轻伤。案发后，刘某洋、李某新赔偿了胡某洲相应的经济损失，胡某洲对刘某洋、李某新表示谅解。

被告人李某东因犯开设赌场罪于2017年8月17日被刑事拘留，同年9月7日被逮捕，9月19日被取保候审，2019年4月10日被大名县人民法院判处有期徒刑一年，缓刑二年，并处罚金人民币15000元。该判决已发生法律效力，罚金已缴纳。

被告人李某东于2019年4月11日被大名县公安局刑警大队龙王庙刑警中队抓获。被告人刘某洋于同年3月5日被邯郸市公安局邯山区分局罗城头派出所抓获。

被告人李某新于4月9日在尚未受到讯问、未被采取强制措施时，便向曲周县公安局投案。三被告人到案后均如实供述了其上述行为。

【案件焦点】

致人轻伤是寻衅滋事罪还是其他相关犯罪，共同犯罪中刘某洋是主犯还是从犯。

【法院裁判要旨】

河北省邯郸市曲周县人民法院经审理认为：被告人刘某洋、李某东、李某新酒后无事生非，逞强耍横，随意殴打他人，情节恶劣，其行为均已构成寻衅滋事罪。公诉机关指控的犯罪事实清楚，证据确实、充分，罪名成立。刘某洋无事生非，殴打他人引发该案，在共同犯罪中起主要作用，系主犯，应当按照其参与的全部犯罪处罚。李某东、李某新在共同犯罪中起次要作用，系从犯，依法应对其均予以从轻处罚。李某新相较于李某东作用较小，在量刑时酌予考虑。刘某洋、李某东在侦查阶段如实供述自己的罪行，系坦白，且刘某洋案发后赔偿了被害人相应的经济损失，取得被害人的谅解，依法可对其均予以从轻处罚。李某新在尚未受到讯问、未被采取强制措施时，主动、直接向侦查机关投案，并如实供述自己的罪行，属自首，且案发后赔偿了被害人相应的经济损失，取得被害人的谅解，依法可对其从轻处罚。刘某洋的辩护人所提刘某洋具有坦白、赔偿损失、取得谅解等情节，可对其从轻处罚的意见成立，予以采纳。刘某洋酒后逞强耍横，无故殴打金碧辉煌KTV经理史某龙引发本案，是共同犯罪中的主犯，辩护人所提刘某洋属从犯的辩护意见不能成立，不予采纳。李某东在缓刑考验期限内被发现漏罪，应当撤销缓刑，对新发现的罪作出判决，把前罪和后罪所判处的刑罚，依照刑法第六十九条的规定，决定执行的刑罚。

综上，根据三被告人的犯罪事实、性质、情节和对于社会的危害程度，依照《中华人民共和国刑法》第二百九十三条第一款第一项、第二十五条第一款、第二十六条第一款、第四款、第二十七条、第六十七条第一款、第三款、第六十九条第一款、第三款、第七十七条第一款，《最高人民法院、最高人民检察院关于办理寻衅滋事刑事案件适用法律若干问题的解释》第一条第一款、第二条第一项之规定，判决如下：

一、被告人刘某洋犯寻衅滋事罪，判处有期徒刑一年；

二、撤销河北省大名县人民法院作出的（2019）冀0425刑初80号刑事判决主文“被告人李某东犯开设赌场罪，判处有期徒刑一年，缓刑二年，并处罚金人民币15000元”中的缓刑部分；被告人李某东犯寻衅滋事罪，判处有期徒刑九个月，决定执行有期徒刑一年六个月，并处罚金人民币15000元（罚金已缴纳）；

三、被告人李某新犯寻衅滋事罪，判处有期徒刑七个月。

【法官后语】

寻衅滋事罪从流氓罪分解而来，虽然独立后的寻衅滋事罪较之流氓罪，其客观行为方式已经在很大程度上得到了明确化，但仍保留了部分“口袋性”，这也导致了司法认定上的诸多困难。寻衅滋事罪的认定是一个需要进行全方位综合判断的过程。司法实践中应严格把控好寻衅滋事的客观方面，并辅之以流氓动机来进行判断，使寻衅滋事罪与其他相关犯罪相区分。

寻衅滋事罪是指为寻求精神刺激、发泄情绪、逞强耍横等，无事生非，随意殴打他人，情节严重；追逐、拦截、辱骂他人，情节恶劣；强拿硬要或者任意毁损、占用公私财物，情节严重；在公共场所起哄闹事，造成公共场所秩序严重混乱的行为。寻衅滋事罪的行为方式十分宽泛，既包括殴打、恐吓等侵犯公民人身权利的行为；又包括强拿硬要等侵犯公私财产权利的行为。同时，还包括起哄闹事等扰乱公共场所秩序的行为。

寻衅滋事犯罪总体上说具有所谓流氓动机，这种流氓动机的内容就是追求精神刺激或者满足称霸欲望。《最高人民法院、最高人民检察院关于办理寻衅滋事刑事案件适用法律若干问题的解释》对寻衅滋事罪的主观违法要素做了明确规定，指出其是指寻求刺激、发泄情绪、逞强耍横等，无事生非。这种主观因素就是流氓动机，它对于将寻衅滋事罪与故意伤害罪、故意毁坏财物罪、敲诈勒索罪和侵害人身和财产的犯罪相区分，具有十分重要的意义。

共同犯罪顾名思义指两个及以上的人共同实行的犯罪行为。在我国刑法中，主要依据共同犯罪人在共同犯罪中的地位和作用，将共犯分为主犯、从犯、胁从犯和教唆犯四类。从主观故意和客观表现上来看，该罪的共犯人应按照刑法中相关规定分别承担对应的刑事责任。后参与进来的承继共犯，应该只对其参与的行为负责，对先前发生的行为不具有责任。对于共犯过限行为，行为人需要对相应的危害结果承担责任：超出共同故意的过限行为由实行者单独承担刑责；如果其他共犯人对过限行为根本不知情，相应的不承担责任；相反其他共犯人对过限行为知情，即使未参与而是没有阻拦对会发生的危害结果抱有放任姿态，则共犯人应按其在共同犯罪中的作用对该犯罪行为负责。

编写人：河北省邯郸市曲周县人民法院　苑长军

20

环境刑事审判中主从犯的认定和专家鉴定、咨询意见的区别与适用

——芦某、李某污染环境案

【案件基本信息】

1. 裁定书字号

江苏省如皋市人民法院（2019）苏0682刑初470号刑事判决书

2. 案由：污染环境罪

【基本案情】

江苏省如皋市人民法院经公开审理查明：被告人李某之子于2009年左右购买一批废油存储于油桶及吨桶内，并存放于泰州市姜堰区张甸镇严唐村原水利站场地内西北角。2017年1月，被告人芦某及程某（另案处理）因经营超市需要，租用该场地用于存放啤酒瓶。后因场地内废油桶长期堆放而破损，部分废油流出影响被告人芦某及程某堆放啤酒瓶，且味道刺鼻、存在安全隐患。2018年3月底，被告人芦某及程某与被告人李某商议，由芦某出资请徐某（另案处理）驾驶挖机将场地上的部分废油桶及其中的废油就地填埋。后徐某受被告人芦某及程某雇请，经被告人李某同意，根据被告人芦某及程某的安排，在未采取污染防治措施的情况下，于

2018年3月30日下午、3月31日上午，驾驶挖机在上述场地南侧挖土坑并填埋部分废油桶及其中的废油。其中，被告人李某于2018年3月30日下午至上述场地协助徐某填埋废油桶及其中的废油。

经监测，案涉场地南侧填埋处溢水中总锌浓度为56.2mg/L。该浓度超过《污水综合排放标准》（GB8978－1996）相应标准限值的10.24倍。经泰州市姜堰生态环境局认定，程某贵等人将部分废油（含废油桶）埋入土坑，土坑内未采取任何防渗漏措施，符合渗坑的条件。

案发后，被告人芦某美、李某发主动投案，并能如实供述自己的罪行。被告人芦某美及程某贵已将填埋的废油（含废油桶及沾染的土壤）挖出并委托泰州市惠民固废处置有限公司处置，支付处置费用人民币89000元，并对案发地使用新土进行回填。

【案件焦点】

1. 二被告人有无区分主从犯的必要；2. 专家咨询意见与专家鉴定意见在环境刑事诉讼中的区别与适用。

【法院裁判要旨】

江苏省如皋市人民法院经审理认为：被告人芦某、李某违反国家规定，通过渗坑倾倒含锌超过国家污染物排放标准10倍以上的有毒物质，严重污染环境，其行为均已触犯刑律，均构成污染环境罪。被告人芦某、李某共同故意实施犯罪，系共同犯罪。被告人芦某在共同犯罪中起主要作用，系主犯，应当按照其所参与的全部犯罪处罚；被告人李某在共同犯罪中起次要作用，系从犯，应当从轻处罚。被告人芦某、李某犯罪以后均自动投案，并如实供述自己的罪行，系自首，均可以从轻处罚。被告人芦某、李某均自愿认罪认罚，均可以依法从宽处理。被告人芦某采取措施防止污染扩大，并无害化处置受污染的土壤，可酌情从轻处罚。

关于被告人芦某的辩护人提出的案涉场地南侧填埋处溢液中总锌浓度56.2mg/L是填埋行为及此前渗漏综合造成的结果。经查，泰州市姜堰环保局制作的现场勘查示意图及现场检查图片等证据显示，案涉废油桶堆放于场地西北角的水泥地，而监测人员系在场地南侧对行为人所挖土坑内废液进行取样监测，公诉机关根据该监测结论指控被告人所倾倒的废液含锌超标10倍以上，并无不当，本院予以确认。

现场堆放的废油桶及吨桶虽有部分破损导致废液流出，但废油桶及吨桶所堆放的位置与上述废液取样位置并不一致，且被告人于2018年3月30日下午、3月31日上午挖坑填埋，3月31日下午即取样监测，间隔时间较短，可以排除此前渗漏的废液影响此次监测结果。

江苏省如皋市人民法院依据《中华人民共和国刑法》第三百三十八条、第二十五条第一款、第二十六条第一、四款、第二十七条、第六十七条第一款、第七十二条、第七十三条第二款、第三款，《最高人民法院、最高人民检察院〈关于办理环境污染刑事案件适用法律若干问题的解释〉》第一条第四项、第五项、第十五条，《中华人民共和国刑事诉讼法》第十五条，作出如下判决：

一、被告人芦某犯污染环境罪，判处有期徒刑九个月，缓刑一年，并处罚金人民币1万元；

二、被告人李某犯污染环境罪，判处有期徒刑六个月，缓刑一年，并处罚金人民币1万元；

三、禁止芦某、李某在缓刑考验期内从事与排污或者处置危险废物有关的经营活动。

一审判决后，二被告人均未提起上诉，公诉机关亦未提起抗诉，一审判决已发生法律效力。

【法官后语】

本案系一起因非法处置他人遗留的固体废物引发的污染环境案。本案的成功之处有两点：第一，区分了二被告人在共同犯罪中的主从犯地位；第二，采信专家咨询意见与专家鉴定意见在环境刑事诉讼中的区别与适用。

一、区分二被告人在共同犯罪中的地位和作用

本案公诉机关没有将共同犯罪的二被告人进行主从犯的区分，综合考量二被告人犯罪情节，确有区分主从犯的必要。

（一）区分主从犯的现实意义

在共同犯罪中，对主从犯的正确区分与认定是罪责刑相适应基本原则的要求，亦是贯彻执行“宽严相济、区别对待”刑事政策的直接体现。因此，正确认定主从犯显得尤为必要。无论是简单共同犯罪还是复杂共同犯罪，能够区分主从关系的，

都应当划分主从犯，以便准确量刑。但确实难以区分主从关系时，不必勉强划分，可以根据各共犯人所犯的具体罪行的事实、情节和社会危害程度，以及个人的具体情况，在量刑上适当体现因各被告人所起作用不同而应有的刑罚区别。

（二）区分主从犯的标准

区分主从犯应该从以下几方面来考量：一是从共同犯罪活动中的地位看。主犯在共同犯罪中居于主导支配地位，从犯在共同犯罪中处于从属地位；二是从实际参与犯罪的程度看。主犯大多参与了全部犯罪活动，而从犯在共同犯罪中一般只参与实施一部分犯罪活动；三是从犯罪故意的形成看。对共同犯罪故意的形成起主要作用的、罪行较大的是主犯；对主犯的犯罪意图表示赞成、附合、服从，对共同犯罪故意的形成起次要作用的、罪行较小的是从犯；四是从对犯罪结果所起的作用看。对犯罪结果所起作用较大的是主犯；对犯罪结果所起作用较小的是从犯。

（三）被告人李某宜认定为从犯

对照上述主从犯的认定标准，应当将李某定为共同犯罪中的从犯，主要基于以下四点理由：

1. 案涉油桶并非李某所有。案涉油桶系李某儿子李某1所有，非其本人所有。造成废油桶长期堆放、无人问津的后果不是李某本人所致。此处阐述废油桶所有权的意义在于，排除认定废油桶系李某儿子所有，从而认定李某是主犯的可能。

2. 犯意并非由李某提出。本案中将废油桶挖坑填满的犯意是芦某提出的，系芦某需要使用场地堆放物品，遂找李某进行协商，李某磋商的过程即同意芦某处理废油桶的意思表达，没有为处理废油桶的行为主动出谋划策。

3. 李某并非犯罪行为的主要实施者。在整个犯罪过程中，芦某雇用挖掘机人员在场地上进行挖坑、填埋，其积极程度远远超过李某。

4. 李某参与犯罪程度不高。本案中二被告人填埋废油桶的行为时间是两个半天。而李某仅在第一个半天参与协助徐某填埋废油桶及其中的废油，其参与度相对较低，所发挥的作用相对较小。故在本案的共同犯罪中，芦某为主犯，李某在共同犯罪中作用较小，是犯罪结果发生的次要原因，构成共同犯罪中的从犯。

二、专家咨询意见在本案中的作用

（一）鉴定意见与专家咨询意见的区别

鉴定意见是指司法机关为查证案情，指派或聘请具有专门知识的鉴定人，就案件中某些专门性问题运用专业知识进行鉴别和判断后得出的结论。专家咨询意见是指法官或者控辩双方聘请具有专门知识的专家，对鉴定意见进行进一步的解读，旨在厘清案件事实问题或正确适用相关法律，从而辅助法官对案件裁判量刑作出审慎、正确的考量。二者的主要区别有四点：

1. 制作的主体不同。鉴定意见一般由具有相应资质的鉴定机构制作；专家咨询意见一般由掌握相关专业知识或技能的技术人员、专家、学者制作，或者由公安、检察、法院办案人员向专家当面咨询形成的咨询笔录。

2. 形式要件不同。鉴定意见不仅须由鉴定机构具有相应资质的鉴定人员签名，而且需加盖鉴定机构印章；专家咨询意见仅要求专家签名确认即可。

3. 证据效力不同。鉴定意见经过质证后可以作为刑事案件定案证据；而专家咨询意见更多地用来增加法官内心的确信，对法官裁判起参考作用。

4. 形成的目的不同。公检法机关委托鉴定机构出具鉴定意见的目的在于为被告人是否构罪提供技术支撑；而委托专家形成咨询意见的目的在于为量刑提供参考。

（二）专家咨询意见对本案所起的作用

本案中，泰州市姜堰区环境监测站出具《监测报告》，认定案涉废油桶填埋处溢水处所采样品总锌浓度为56.2mg/L。该报告由具有环境监测职能的环境监测站出具，加盖监测站印章，报告中的总锌浓度与被告人是否构成污染环境罪直接相关，根据司法解释的规定，经质证后可以作为定案证据，符合鉴定意见的特征，属于鉴定意见。但辩护人提出，案涉填埋处溢液中总锌浓度超标是填埋行为及此前渗漏综合造成的结果，即填埋行为与总锌浓度超标之间不是唯一的对应关系，若该观点成立，则被告人是否构罪就成了问题。为解决这一问题，法官向专家进行咨询。专家认为，废油桶及吨桶所堆放的位置与填埋坑之间尚有一定距离，且填埋时间与监测取样时间间隔较短，此前渗漏的废液不会影响此次监测结果。就此形成的谈话笔录由专家签字确认，为法官判断被告人行为与监测数据之间的因果关系提供了参考，属于专家咨询意见。该咨询意见帮助法官对鉴定意见的证据效力进行判断增加了内心确信，进而保障了对被告人定罪量刑的科学性、公正性。

编写人：江苏省如皋市人民法院　翟季姝

21

以是否从事公务为基础判断国家工作人员身份

——陈某宏受贿、玩忽职守案

【案件基本信息】

1. 裁判书字号

福建省厦门市中级人民法院（2018）闽02刑终806号刑事判决书

2. 案由：受贿罪、玩忽职守罪

【基本案情】

厦门海沧国土资源管理所（后更名为“厦门市海沧国土资源管理所”）系厦门市国土资源与房产管理局（以下简称市国土局）下属全民事业单位，负责辖区内农村土地房屋的权籍调查、登记发证、权属变更等管理工作以及市局或分局交办的其他事项，在征地拆迁中，有配合区政府做好交办工作，对各街道征迁服务有限公司报送的《海沧区农村房屋征收情况登记表》进行查档调查，并将调查情况说明上报分局核定的职责。

一、受贿罪

被告人陈某宏2004年5月至案发时被聘用为该所工作人员，2005年至2016年6月负责配合海沧、新阳片区征地拆迁房屋产权初审上报工作，具体审查权属来源权证材料的完整性、真实性。2011年至2017年，被告人陈某宏在海沧国土所工作期间，利用配合征地拆迁房屋产权初审上报的职务便利，先后多次在厦门市海沧区马扎罗咖啡厅、茹宏烟酒茶商行等地收受苏某兵、郑某赞、周某旺、李某峰等多人给予的钱款共计173.36万元，并在房屋权属确认等方面为请托人谋取利益。

二、玩忽职守罪

2011年至2013年，被告人陈某宏在对被征收人谢某美、谢某婴、郑某福、柯某和、柯某东等人被征收房屋进行产权情况调查过程中，发现该五人提交的被征收房屋的《乡村建房宅基地许可证》（以下简称权证）在国土部门查无内档后，未严格履行调查核实职责，对被征收人上报审批的权证存在的房屋四至、申请时间、申请人资格、房屋坐标与80年代以前实测扫描地形图放样比对结果等疑点疏于审查，即拟定调查报告报所长何某章（另案处理）审核，后错误地上报国土局海沧分局予以权属确认，导致五个被征收人因而获得与具有合法权证的被征收人同等赔偿标准，即根据权证认定的被征收房屋总产权面积进行产权调换获得安置房或按安置房市场评估价获得货币补偿。

【案件焦点】

1. 被告人陈某宏是否属于国家工作人员及其是否利用职务便利收受他人钱款；2. 涉案权证是否为假证；3. 海沧国土所及被告人陈某宏对涉案权证是否具有审查职责；4. 被告人陈某宏是否已经履行相应工作职责；5. 被告人陈某宏的行为是否造成国家经济损失及数额认定；6. 被告人陈某宏是否具有自首情节。

【法院裁判要旨】

福建省厦门市海沧区人民法院经审理认为：被告人陈某宏身为国家工作人员，利用职务便利，多次非法收受他人现金，共计人民币173.36万元，数额巨大，并为他人谋取利益，其行为已构成受贿罪。被告人陈某宏作为国家机关工作人员，严重不负责任，不认真履行职责，致使国家利益遭受重大损失，价值共计人民币2812233元，情节特别严重，其行为已构成玩忽职守罪。被告人陈某宏到案后能如实供述自己的罪行，依法可以从轻处罚。被告人陈某宏在判决宣告前犯数罪，依法应当数罪并罚。本案渎职犯罪发生在征地拆迁过程中，重大损失的后果系多方面原因造成，在渎职犯罪立案后被征收人又退回安置房五套及补偿款1317704.04元，目前未挽回的国家实际经济损失25万余元，经济损失已大部分挽回，可酌情对被告人陈某宏从轻处罚。福建省厦门市人民法院依照《中华人民共和国刑法》第三百八十五条第一款、第三百八十六条、第三百八十三条、第三百九十七条第一款、第九十三条、第六十七条第三款、第六十九条、第六十四条，《最高人民法院、最高人民检察院关于办理贪污贿赂刑事案件适用法律若干问题的解释》第二条第一款、第十八条、第十九条第一款，《最高人民法院、最高人民检察院关于办理渎职刑事案件适用法律若干问题的解释（一）》第一条第二款第二项之规定，判决如下：

一、被告人陈某宏犯受贿罪，判处有期徒刑六年五个月，并处罚金人民币 50 万元；犯玩忽职守罪，判处有期徒刑三年，决定执行有期徒刑八年，并处罚金人民币 50 万元；

二、继续追缴被告人陈某宏违法所得人民币 173.36 万元。

被告人陈某宏对原审判决结果不服提起上诉。福建省厦门市中级人民法院经审理同意一审法院裁判意见，因上诉人陈某宏在二审期间退缴部分受贿所得，可以酌情从轻处罚。鉴于本案渎职犯罪所造成的损失后果系多因一果，且被征收人已退回安置房五套及补偿款 1317704.04 元，国家经济损失已大部分挽回，可对陈某宏酌情从轻处罚。依照《中华人民共和国刑法》第十二条第一款、第三百八十五条第一款、第三百八十六条、第三百八十三条第一款第二项、第二款、第三百九十七条第一款、第六十七条第三款、第六十九条第一款、第三款、第六十四条及《最高人民法院、最高人民检察院关于办理贪污贿赂刑事案件适用法律若干问题的解释》第二条第一款、第十九条第一款，《最高人民法院、最高人民检察院关于办理渎职刑事案件适用法律若干问题的解释（一）》第一条第二款第二项和《中华人民共和国刑事诉讼法》第二百三十六条第一款第二项的规定，判决如下：

一、维持福建省厦门市海沧区人民法院（2017）闽 0205 刑初 671 号刑事判决第一项中对上诉人陈某宏的定罪部分；

二、撤销福建省厦门市海沧区人民法院（2017）闽 0205 刑初 671 号刑事判决第一项中对上诉人陈某宏的量刑部分及第二项判决；

三、上诉人陈某宏犯受贿罪，判处有期徒刑五年，并处罚金人民币三十五万元；犯玩忽职守罪，判处有期徒刑三年，决定执行有期徒刑五年六个月，并处罚金人民币 35 万元；

四、扣押在案的上诉人陈某宏的受贿所得人民币 40 万元予以没收；继续追缴上诉人陈某宏的受贿所得人民币 133.36 万元，上缴国库。

【法官后语】

一、判断是否属国家工作人员的思路

《中华人民共和国刑法》第九十三条规定，本法所称国家工作人员，是指国家机关中从事公务的人员。国有公司、企业、事业单位、人民团体中从事公务的人员和国家机关、国有公司、企业、事业单位委派到非国有公司、企业、事业单位、社会团体从事公务的人员，以及其他依照法律从事公务的人员，以国家工作人员论。根据刑法规定，国家工作人员包括四类人员：一是国家机关中从事公务的人员即国家机关工作人员；二是国有公司、企业、事业单位、人民团体中从事公务的人员；三是国家机关、国有公司、企业、事业单位委派到非国有公司、企业、事业单位、社会团体从事公务的人员；四是其他依照法律规定从事公务的人员。对前两类人员主要以是否从事公务作为判断，对后两类以特定机关单位的委派或法律规定加上从事公务作为判断，从事公务成为国家工作人员的本质特征和主要判断标准。

笔者认为，在认定国家工作人员身份的问题上，可从以下步骤入手：(1) 判断案涉人员的职责是否属公务；(2) 属从事公务的情况下，判断案涉人员所在机关单位类型，若属上述前两类国有单位则该人员系国家工作人员；(3) 若非前两类国有单位，判断案涉人员是否受国家机关、国有公司、企业、事业单位等国有单位委派；(4) 判断是否属法律明确规定临时性或者在特定条件下行使国家管理职责，如《全国人民代表大会常务委员会关于〈中华人民共和国刑法〉第九十三条第二款的解释》将村民委员会等村基层组织人员在协助人民政府从事相关行政管理工作时，明确规定为其他依照法律从事公务的人员，以国家工作人员论。

二、从“公务”的四特征判断是否属从事公务

判断是否属从事公务直接关系到国家工作人员身份的认定。从事公务，是指对公共事务的管理活动，即代表国家机关、国有公司、企业、事业单位、人民团体等履行组织、领导、监督、管理等职责。公务主要表现为与职权相联系的公共事务以及监督、管理国有财产的职务活动。“公务”的特征表现为：一是具有管理性，即对公共事务进行管理，它既可以是国家事务，也可以是社会事务和集体事务；二是具有国家代表性，即这种活动是代表国家进行的；三是公务的职务性，即它是基于一定的职位或授权而派生的职能；四是公务的合法性，即该项职能的行使是法律授予的权力。

本案中，海沧国土所负责辖区内农村土地房屋的权籍调查、登记发证、权属变更等管理工作以及市局或分局交办的其他事项。在征地拆迁中，有配合区政府做好交办工作，对各街道征迁服务有限公司报送的《海沧区农村房屋征收情况登记表》进行查档调查，对被征收房屋的产权情况进行调查核实确认并出具初步意见的职

责。根据相关岗位职责规定及被告人陈某宏的供述证实，被告人陈某宏系海沧国土所聘用的工作人员，具体负责海沧、新阳片区征地拆迁房屋产权初步审核及草拟调查报告，因此，被告人陈某宏所从事的事务具有管理性、国家代表性、职务性、合法性，属从事公务。另外，海沧国土所系市国土局下属全民事业单位，故被告人陈某宏属国家工作人员。

编写人：福建省厦门市海沧区人民法院　牟燕　陈淑芳

22

用包容评价的方法处理共犯逾越的问题

——杜某锋故意伤害、盗窃案

【案件基本信息】

1. 裁判书字号

广东省汕尾市中级人民法院（2019）粤15刑终285号刑事裁定书

2. 罪名：故意伤害罪、盗窃罪

【基本案情】

杜某锋的舅父戴某增因与被害人彭某有情感纠纷，戴某增对杜某锋说明了要到彭某住处索取笔记本电脑和手机，要“教训”一下彭某的事情。2014年7月14日凌晨2时许，杜某锋搭乘由戴某增驾驶的摩托车从紫金县城出发到陆河县城彭某的出租屋，戴某增叫杜某锋望风，自己带上事先准备的木棍撬开彭某出租屋的西北角后窗进入屋内后，用木棍猛击已经睡着的彭某头部多下。彭某惊醒连喊“救命”，挣扎着摔倒在床下，抓起床头柜上的小刀准备反抗，但被戴某增杀害。接着，戴某增拿走彭某放在床头柜上的手机、笔记本电脑给杜某锋，二人驾乘摩托车沿原路返回紫金县城。

经法医学尸体解剖检验鉴定，彭某头枕部颅骨凹型粉碎性骨折，脑组织外溢，骨折线向左侧经左颞骨延伸至额骨，分析彭某系被钝器打击头部致开放性颅脑损伤而死亡。

经涉案财产价格鉴定，涉案笔记本电脑在鉴定基准日的价格为人民币3060元。

2019年4月29日，被告人杜某锋通过辩护人向法庭提交了一份《供述》，杜某锋表示对盗窃电脑是知情的并认罪认罚。

【案件焦点】

1. 如何认定杜某锋的行为符合故意伤害罪的犯罪构成要件；2. 本案中两名同案人实施同一犯罪是否应认定为同一罪名。

【法院裁判要旨】

广东省汕尾市陆河县人民法院经审理认为：被告人杜某锋无视国家法律，明知戴某增将实施故意伤害他人身体的行为而参与并提供帮助，致使被害人死亡，其行为已构成故意伤害罪；被告人杜某锋还伙同戴某增盗窃他人财物，数额较大，其行为又构成盗窃罪，依法应予数罪并罚。鉴于被告人杜某锋实施故意伤害过程中起次要作用，系从犯，依法予以减轻处罚。被告人杜某锋对自己的盗窃行为认罪认罚，依法予以从轻处罚。

广东省汕尾市陆河县人民法院依照《中华人民共和国刑法》第二百三十四条第二款、第二百六十四条、第二十五条、第二十七条第一款、第五十二条、第五十三条、第六十四条、第六十七条第三款、第六十九条，《中华人民共和国刑事诉讼法》第一百八十五条，《最高人民法院关于适用财产刑若干问题的规定》第五条之规定，作出如下判决：

被告人杜某锋犯故意伤害（致死）罪，判处有期徒刑四年；犯盗窃罪，判处有期徒刑八个月，并处罚金人民币1000元。合并刑期有期徒刑四年八个月，并处罚金人民币1000元。决定执行有期徒刑四年二个月，并处罚金人民币1000元。

杜某锋持原审辩解提起上诉。广东省汕尾市中级人民法院经审理认为：上诉人杜某锋明知同案人戴某增持木棍去教训其女朋友彭某可能会造成彭某伤害的后果，仍放任戴某增进屋，并为其提供帮助，导致被害人死亡。杜某锋的行为符合故意伤害罪的构成要件，原判据此认定其犯故意伤害罪定罪准确，依据杜某锋犯故意伤害罪情节对其所作量刑适当。上诉人杜某锋还伙同戴某增盗窃他人财物，数额较大，其行为又构成盗窃罪，依法应予以数罪并罚。鉴于杜某锋自动投案，如实供述自己罪行，系自首，可从轻处罚，原判对上诉人杜某锋犯盗窃罪的量刑在法律规定的幅度之内。

广东省汕尾市中级人民法院依照《中华人民共和国刑事诉讼法》第二百三十六条第一款第一项的规定，作出如下裁定：

驳回上诉，维持原判。

【法官后语】

一、如何认定杜某锋构成故意伤害罪

（一）主观上，杜某锋具有故意伤害彭某的帮助故意

2014 年 7 月 13 日晚，杜某锋已经得知戴某增与其女友刚分手，要去“教训”彭某，仍答应为其“望风”，也于凌晨 1 时许目睹戴某增拿着一根 80 公分长木棍走向彭某的住所。杜某锋作为一名心智正常的成年人，应当明知一个身强力壮的中年男子刚分手想去教训其女友，在半夜凌晨时分持木棍闯入独身女子的居所，可能会发生危害的结果。从其听到戴某增要“教训”被害人彭某时他回应的“要教训就教训，不要搞出事情”可知，杜某锋明知其与戴某增两人此时的行为可能会发生伤害的后果，其虽未积极追求伤害结果的发生，但持放任的态度，并未采取任何避免危害结果发生的措施，是一种间接的故意，因此可知上诉人杜某锋具有伤害他人的帮助故意。

（二）客观上，杜某锋实行了故意伤害彭某的帮助行为

戴某增于 2014 年 7 月 13 日下午找杜某锋一起去陆河，一直在杜某锋做事的地方等他工作直到完成，差不多半夜十点多才一起从紫金县城骑摩托车到陆河县城。戴某增持木棍进入被害人的居所，杜某锋在屋外等候。即使物理上杜某锋并未发挥到为戴某增望风的作用，但是其为戴某增故意杀人的预备阶段和实行阶段均起到心理上帮助的效果，使戴某增产生有人与其共同去陆河县杀害彭某，也有人为其望风的心理优势，上诉人杜某锋构成帮助犯既遂。故此，基于主客观相一致的原则，上诉人杜某锋应当以故意伤害罪追究其刑事责任。

二、同案二人是否应认定为同一种罪名

部分犯罪共同说是现行通说理论，在该理论下，如若将犯罪构成认为是排他互斥的，则会导致诸多处罚漏洞。不同犯罪之间并不是排他互斥的关系，犯罪构成要

件之间存在普遍的交叉、重合关系。构成要件的诸要素之间也有一定的包含关系，即将行为性质更重、法益侵害更大的要素事实评价为行为性质较轻、法益损害较小的要素事实，将特殊的要素事实评价为普通的要素事实。

前文已经阐述了杜某锋具有帮助的故意和帮助的行为。本案中现有的证据证明杜某锋持以伤害的故意，但戴某增持的是杀人的故意。他们互相合作，由杜某锋望风，戴某增持木棍进屋攻击彭某，致使其死亡。尸检报告表明彭某系被钝器打击头部致开放性颅脑损伤而死亡。如果认为故意杀人罪和故意伤害罪二者是对立的，杀人行为不包含伤害行为，杀人故意排除伤害故意，那么根据犯罪共同说的共犯理论，杜某锋和戴某增不成立共犯，不能追究杜某锋对彭某的死亡结果的刑事责任。但是他的望风行为又该如何评价？这样的结论的合理性难以让人信服；如果认为杀人行为必然包含伤害行为，杀人故意必然包含伤害故意，那么根据部分犯罪共同说的共犯理论，杜某锋和戴某增在故意伤害罪的范围内成立共犯，因此可以将彭某死亡的结果归属于杜某锋和戴某增二人。

编写人：广东省汕尾市中级人民法院　黎似默

（三）罪数形态

23

向多人贩毒或多次贩毒是否一律认定为情节严重

——向某贩卖毒品案

【案件基本信息】

1. 裁判书字号

湖北省宜昌市猇亭区人民法院（2019）鄂0505刑初65号刑事判决书

2. 案由：贩卖毒品罪

【基本案情】

湖北省宜昌市猇亭区人民法院经审理查明：2019年1月至3月，被告人向某在宜昌市猇亭区体育馆、桐岭路与正大路交叉口、桐岭幼儿园等地附近，多次向包某、王某等人贩卖甲基苯丙胺（冰毒）共计18小袋、9大袋和甲基苯丙胺片剂（俗称“麻果”）共计30颗，收取毒资共计3230元。具体犯罪事实如下：

1. 2019年1月12日12时许，被告人向某在宜昌市猇亭区体育馆附近，向包某贩卖麻果1颗、冰毒1小袋，通过微信收取毒资100元。

2. 2019年2月9日4时许，被告人向某在宜昌市猇亭区平安驾校附近，向包某贩卖麻果1颗、冰毒1大袋，通过微信收取毒资150元。

3. 2019年2月12日10时许，被告人向某在宜昌市猇亭区桐岭幼儿园门口，向包某贩卖麻果2颗、冰毒1大袋，通过微信收取毒资200元。

4. 2019年2月13日11时许，被告人向某在宜昌市猇亭区桐岭路与正大路交叉口，向包某贩卖麻果2颗、冰毒1大袋，通过微信收取毒资200元。

5. 2019年2月13日13时许，被告人向某在宜昌市猇亭区桐岭路与正大路交叉口，向包某贩卖麻果1颗、冰毒1大袋，通过微信收取毒资150元。

6. 2019年2月14日11时许，被告人向某在宜昌市猇亭区宜化集团保险粉分厂附近，向包某贩卖麻果2颗、冰毒1大袋，通过微信收取毒资200元。

7. 2019年2月15日8时许，被告人向某在宜昌市猇亭区宜化集团保险粉分厂附近，向包某贩卖麻果1颗、冰毒1大袋，通过微信收取毒资150元。

8. 2019年2月15日12时许，被告人向某在宜昌市猇亭区宜化集团保险粉分厂附近，向包某贩卖麻果1颗、冰毒1大袋，通过微信收取毒资150元。

9. 2019年2月16日12时许，被告人向某在宜昌市猇亭区宜化集团保险粉分厂附近，向包某贩卖麻果1颗、冰毒1大袋，通过微信收取毒资150元。

10. 2019年2月17日8时许，被告人向某在宜昌市猇亭区桐岭路与正大路交叉口，向胡某贩卖麻果1颗、冰毒1大袋，通过微信收取毒资150元。

11. 2019年2月19日16时许，被告人向某在宜昌市猇亭区桐岭路与正大路交叉口，向包某贩卖麻果1颗、冰毒1小袋，通过微信收取毒资100元。

12. 2019年2月20日20时许，被告人向某在宜昌市猇亭区宜化集团保险粉分厂附近，向包某贩卖麻果1颗、冰毒1小袋，通过微信收取毒资100元。

13. 2019年2月24日11时许，被告人向某在宜昌市猇亭区桐岭路与正大路交叉口，向包某贩卖麻果1颗，通过微信收取毒资50元。

14. 2019年2月28日10时许，被告人向某在宜昌市猇亭区桐岭路与正大路交叉口，向包某贩卖麻果1颗，通过微信收取毒资50元。

15. 2019年2月25日0时许，被告人向某在宜昌市猇亭区桐岭幼儿园门口，向王某贩卖麻果1颗、冰毒1小袋，通过微信收取毒资100元。

16. 2019年2月25日18时许，被告人向某在宜昌市猇亭区桐岭幼儿园门口，向王某贩卖麻果1颗、冰毒2小袋，通过微信收取毒资150元。

17. 2019年2月26日9时16分，被告人向某在宜昌市猇亭区正大路好运宾馆407房间内，向王某贩卖麻果1颗、冰毒1小袋，通过微信收取毒资100元。

18. 2019年2月26日9时36分，被告人向某在宜昌市猇亭区好运宾馆407房间内，向王某贩卖麻果1颗、冰毒1小袋，通过微信收取毒资90元。

19. 2019年2月26日12时许，被告人向某在宜昌市猇亭区正大路城建局公交站点附近，向王某贩卖麻果1颗、冰毒1小袋，通过微信收取毒资100元。

20. 2019年2月26日15时许，被告人向某在好运宾馆407房间内，向王某贩卖麻果1颗、冰毒1小袋，通过微信收取毒资100元。

21. 2019年2月27日16时许，被告人向某在宜昌市猇亭区桐岭路与正大路交叉口，向王某贩卖麻果2颗、冰毒2小袋，通过微信收取毒资190元。

22. 2019年2月27日19时许，被告人向某在好运宾馆门口，向王某贩卖麻果2颗、冰毒2小袋，通过微信收取毒资200元。

23. 2019年2月28日23时许，被告人向某在宜昌市猇亭区桐岭幼儿园门口，向王某贩卖麻果1颗、冰毒1小袋，通过微信收取毒资30元、现金收取70元，共计毒资100元。

24. 2019年3月1日20时许，被告人向某在宜昌市猇亭区卫生防疫站对面桐岭路32号民房门口，向王某贩卖麻果2颗、冰毒3小袋，通过微信收取毒资200元。

2019年3月1日23时许，被告人向某在宜昌市猇亭区商业一街动力网吧附近被公安机关抓获。

【案件焦点】

贩卖毒品犯罪中，向多人或者多次贩卖毒品的，是否应当一律认定为“情节严重”。

【法院裁判要旨】

湖北省宜昌市猇亭区人民法院经审理认为：被告人向某明知是毒品，向多人、多次予以非法销售，情节严重，其行为已构成贩卖毒品罪。公诉机关的指控成立。向某在原判有期徒刑刑罚执行完毕后五年内再犯应当判处有期徒刑以上刑罚之罪，是累犯，依法应当从重处罚；向某到案能够如实供述自己的罪行，是坦白；自愿认罪认罚，依法可以从轻处罚。公诉机关的量刑建议适当，依法予以采纳。

据此，湖北省宜昌市猇亭区人民法院依照《中华人民共和国刑法》第三百四十七条第一款、第四款、第七款、第六十四条、第六十五条、第六十七条第三款、第五十二条、第五十三条，《最高人民法院关于审理毒品犯罪案件适用法律若干问题的解释》第四条，《中华人民共和国刑事诉讼法》第二百零一条的规定，作出如下判决：

一、被告人向某犯贩卖毒品罪，判处有期徒刑三年三个月，并处罚金人民币4000元（刑期从判决执行之日起计算。判决执行以前先行羁押的，羁押一日折抵刑期一日，即被告人向某的刑期自2019年3月12日起至2022年6月11日止。罚金已缴纳）；

二、对被告人向某的违法所得三千二百三十元予以追缴，上缴国库（已追缴）。对被告人向某的犯罪工具手机两部予以没收（一部为金色苹果手机、一部为粉色美图手机）。

【法官后语】

由于零星贩毒案件的特殊性，导致审查证据和认定事实困难。但仍应坚持重证据、重调查研究，不轻信口供的原则。只有被告人的口供与同案其他被告人供述吻合，并且完全排除诱供、逼供、串供等情形，被告人的口供与同案被告人的供述才可以作为定案的证据。对于无被告人供述或者被告人供认后又当庭翻供的，如果其他证据之间能相互印证，形成完整的证据链，可以认定被告人零星贩毒的事实。如果只有被告人供述，没有其他证据印证的，则不能认定被告人零星贩毒的事实。对于确有证据证明属于“以贩养吸”的被告人，应当以被查获的毒品数量作为犯罪的数量，但量刑时应考虑被告人吸食毒品的情节，酌情处理；如果被告人购买了一定数量的毒品后，部分已被其吸食的，应当按能够证明的贩卖数量认定其贩毒的数量，已被吸食的部分不计入在内。审理“人货分离”的零星贩毒案件时，要特别注意审查核实侦查机关对毒品贩卖现场的勘验笔录、被告人遗留在犯罪现场的可疑物品及被告人的通话记录等。如果上述证据能够相互印证，可以认定被告人零星贩毒的事实。在审理被告人多次实施贩运零星毒品案件时，应当根据相应的证据材料，确定被告人实施零星贩毒行为的次数及贩卖毒品的数量。

根据刑法第三百四十七条第七款关于“对多次走私、贩卖、运输、制造毒品，未经处理的，毒品数量累计计算”的规定，零星贩毒的，应累计计算其贩卖毒品的数量。所谓“未经处理”，是指未经司法机关的刑事处罚或者公安机关的行政处罚（即指公安机关对毒品违法行为依照治安管理处罚法给予的行政处罚）；其他国家行政机关给予的行政处分、处理，均不能视为已经处理过。

《最高人民法院关于审理毒品犯罪案件适用法律若干问题的解释》第四条规定，走私、贩卖、运输、制造毒品，具有下列情形之一的，应当认定为刑法第三百四十七条第四款规定的“情节严重”：（1）向多人贩卖毒品或者多次走私、贩卖、运输、制造毒品的；（2）在戒毒场所、监管场所贩卖毒品的；（3）向在校学生贩卖毒品的；（4）组织、利用残疾人、严重疾病患者、怀孕或者正在哺乳自己婴儿的妇女走私、贩卖、运输、制造毒品的；（5）国家工作人员走私、贩卖、运输、制造毒品的；（6）其他情节严重的情形。

具体到本案，被告人向包某、王某等人贩卖甲基苯丙胺的行为，属于“向多人、多次贩毒”的情形。对于该情形，依据上述法律及司法解释，认定为刑法第三百四十七条第四款规定的“情节严重”，符合法律及司法解释的规定。根据其犯罪事实，以及其系累犯的情节，在法定量刑幅度内对其从重判处刑罚，较好地贯彻了严厉打击末端毒品犯罪的刑事政策。这体现了对严惩毒品犯罪的刑事政策和指导思想，多次零包贩卖毒品其危害性并不只限于多次本身，更容易发展和扩散毒品的流转，零包贩毒是毒品犯罪的末端环节，直接导致毒品进入吸食、消费领域，社会危害不容忽视。因此，严厉打击零包贩毒犯罪，是有效遏制毒品问题蔓延和毒品犯罪增长的重要手段。

编写人：湖北省宜昌市猇亭区人民法院　柴衷路

24

单位责任人员在实施单位犯罪时，又以个人身份犯与单位犯罪相同之罪的，应数罪并罚

——晋江某公司、丁某某拒不执行判决案

【案件基本信息】

1. 裁判书字号

福建省晋江市人民法院（2019）闽0582刑初1224号刑事判决书

2. 案由：拒不执行判决罪

【基本案情】

福建省晋江市人民法院经公开审理查明：2015年10月19日，本院以（2015）晋民初字第6691号民事判决书判决确认被告人丁某某应于判决生效之日起30日内偿还王某某借款2900万元，被告单位晋江某公司承担连带保证责任的义务，并查封该公司仓库库存网布6217支，该判决已于2016年1月11日发生法律效力。本院于2016年2月18日受理王某某就上述判决确认的义务进行强制执行的申请，并于同月24日通知晋江某公司及丁某某履行义务并申报财产。2016年4月8日，晋江某公司、丁某某与王某某达成协议，由丁某某变卖被解封的布匹，并分六个月每个月偿还50万元给王某某。后丁某某将布匹卖给林某乐、朱某霖等人，并将所得货款中的9.1万元挪作他用，致使判决无法执行。同时，丁某某明知其名下位于福建省泉州市丰泽区宝珊花园的房产由丁某某出租给杨某鹏并收取租金，却未向本院申报，也未通知丁丁某某或杨某鹏将租金支付至本院账户，以致其中的2.88万元租金未用于履行上述判决确定的义务，致使判决无法执行。2017年11月21日，丁某某自动至晋江市公安局投案。截止至2018年1月9日，晋江某公司及丁某某自动履行了104.1115万元。在审理过程中，晋江某公司职员代为预缴罚金1万元。

【案件焦点】

1. 丁某某对该公司所犯的（单位）拒不执行判决罪是否应当承担刑事责任；2. 丁某某所犯的拒不执行判决罪是否也应当承担刑事责任；3. 对丁某某的犯罪行为应如何定罪量刑。

【法院裁判要旨】

福建省晋江市人民法院经审理认为：被告单位晋江某公司对人民法院的生效判决有能力执行而拒不执行，情节严重，其行为已构成拒不执行判决罪，被告人丁某某作为对该单位直接负责的法定代表人，参与了该单位隐匿财产行为，依法亦应承担法律责任，其行为亦构成拒不执行判决罪。同时，被告人丁某某对人民法院的生效判决有能力执行而拒不执行，情节严重，其行为已构成拒不执行判决罪。公诉机关指控的罪名成立。被告单位晋江某公司、被告人丁某某犯罪以后自动投案，并如实供述其罪行，是自首，均予以从轻处罚；其已自动履行部分欠款，均予以酌情从轻处罚。辩护人亦提出上述建议予以从轻处罚的辩护意见，予以采纳。被告人丁某某在判决宣告以前一人犯数罪，应当数罪并罚。依照《中华人民共和国刑法》第三百一十三条、第六十七条第一款、第六十九条第一款之规定，判决如下：

一、被告单位晋江某公司犯拒不执行判决罪，判处罚金人民币1万元；

二、被告人丁某某犯（单位）拒不执行判决罪，判处拘役二个月；犯拒不执行判决罪，判处拘役三个月，决定执行拘役四个月。

福建省晋江市人民法院宣判后，被告单位、被告人未提出上诉，公诉机关未提起抗诉，现已生效。

【法官后语】

本案公诉机关在提起公诉时，指控晋江某公司和丁某某犯拒不执行判决罪，即对丁某某的相关犯罪事实仅认定单一犯罪；后以变更起诉的方式起诉晋江某公司犯拒不执行判决罪和丁某某犯（单位）拒不执行判决罪、拒不执行判决罪，即对丁某某的相关犯罪事实认定为两种犯罪。从本案公诉机关变更起诉的情况以及当前司法实践可知，如何对丁某某的犯罪行为定罪量刑存在两种不同意见：一种意见认为，对丁某某的犯罪行为应认定为拒不执行判决罪一罪，将丁某某作为晋江某公司的法定代表人所实施的犯罪数额与其作为自然人所实施的犯罪数额相加，作为量刑情节之一；另一种意见认为，应将丁某某作为晋江某公司的法定代表人所实施的犯罪行为与其作为自然人所实施的犯罪行为分别以（单位）拒不执行判决罪和拒不执行判决罪定罪，而后再对两罪进行并罚。笔者同意第二种意见，具体理由如下：

一、关于“罪数”的划分标准

犯罪构成标准是我国刑法学界和司法实务的通说标准，行为人以一个或概括的犯罪故意或过失，实施一个行为或数个行为，符合一个犯罪构成的为一罪；以数个犯罪故意或过失实施数个行为，符合数个犯罪构成的为数罪。

首先，从犯罪行为个数来看，丁某某在本案中实施了多个拒不执行判决的行为，其中一个行为是将公司变卖解封的布匹所得的货款挪作他用；另有一个行为是隐匿其名下房产出租的事实。

其次，从丁某某实施行为的犯罪故意来看，两个行为的犯罪故意不同。丁某某将公司变卖解封的布匹所得的货款挪作他用的行为是基于为公司牟取不正当利益的犯罪故意；隐匿其名下房产出租的事实行为是基于为个人牟取不正当利益的犯罪故意。

最后，从符合犯罪构成的个数来看，丁某某作为晋江某公司直接责任人员，基于单位利益而拒不执行判决的行为，符合刑法第三百一十三条第二款之规定，符合（单位）拒不执行判决的犯罪构成要件；其基于自身利益而拒不执行判决的行为，符合刑法第三百一十三条第一款之规定，符合个人的拒不执行判决的犯罪构成要件。

因此，丁某某在本案中实施的犯罪行为构成两个犯罪。

二、关于“数罪并罚”的基本原则

数罪并罚是指人民法院对一人所犯的数罪分别定罪量刑以后，依照法定的原则决定应执行的刑罚。一般是针对异种数罪而言，对于同种数罪实行并罚是例外，如《最高人民法院关于判决宣告后又发现被判刑的犯罪分子的同种漏罪是否实行数罪并罚问题的批复》中明确规定：“人民法院的判决宣告并已发生法律效力以后，刑罚还没有执行完毕以前，发现被判刑的犯罪分子在判决宣告以前还有其他罪没有判决的，不论新发现的罪与原判决的罪是否属于同种罪，都应当依照刑法第六十五条的规定实行数罪并罚。”

本案丁某某的行为触犯了两个相同的罪名，属同种数罪，还是异种数罪？实质上，罪名虽相同，但犯罪构成显然不同：（1）主体不同。单位犯罪主体是单位这个法律“拟制人”；而自然人犯罪主体是自然人本身。（2）主观要件不同。单位犯罪要求犯罪行为体现的是单位意志，其犯罪目的一般是为实现单位利益；而自然人犯罪的主观方面则是体现自然人本人的意志，追求个人利益或其他目的而实施。（3）客观要件不同。单位犯罪带来的非法利益通常归单位所得，而自然人犯罪所得利益归个人所得。

此外，在一些具体罪名中，有的还因主体不同，刑法及有关司法解释对单位犯罪和个人犯罪的具体定罪标准要求以及量刑幅度都有不同要求。如对于本案涉及的拒不执行判决、裁定罪，有关指导意见对单位、自然人的构罪和上档数额也作了不同的要求，单位、自然人的构罪数额分别为3万元、1万元，上档数额分别为100万元、25万元。

综上，本案丁某某作为晋江某公司的直接责任人员实施了（单位）拒不执行判决罪，同时还以自然人身份独立实施了拒不执行判决罪，虽然这两种犯罪罪名相同，但二者的犯罪构成具有本质的不同，显然属于两种犯罪。因此，该情况属于异种数罪，应当适用刑法第六十九条的规定进行数罪并罚。

编写人：福建省晋江市人民法院　曾摩托

25

“套路贷”犯罪中利用虚假诉讼擅自变卖查封财产的罪数认定

——高某、戚某诈骗案

【案件基本信息】

1. 裁判书字号

福建省厦门市海沧区人民法院（2019）闽0205刑初211号刑事判决书

2. 案由：诈骗罪

【基本案情】

福建省厦门市海沧区人民法院经公开审理查明：2014 年 9 月 29 日起，被害人肖某在厦门市海沧区渐美村×××号 5－6 号店面经营厦门某速递公司。2016 年 10 月 11 日，被害人肖某因生意资金周转需要，向被告人高某、李某（另案处理）借款 3 万元，还款期限为一个月，扣除利息、手续费、保证金等 1.2 万元，同时以被害人肖某的公司营业执照、小货车车辆登记证作为担保，被害人肖某实际拿到借款 1.8 万元，扣除的 1.2 万转回被告人戚某建设银行账户。

2016 年 10 月 25 日，被害人肖某因缴纳店面租金联系被告人戚某再次借款。同年 10 月 26 日，被告人高某、李某以肖某向他人借款为由，肆意认定其违约，要求肖某在实际借款到手 2 万元的情况下，通过制作银行流水 14 万元人民币作为借款保证金，同时要求肖某签订 16 万元的借款协议、汽车抵押合同、借条、收条等。合同签订后，被告人高某、李某以给肖某的闽 D××××××号东风标致 3008 小轿车装 GPS 为由，将车开走，拒不返还。被害人肖某先后联系被告人高某、肖某退款还车，被告人戚某称还款必须还 19 万元，不然会到法院起诉。2016 年 12 月 1 日 1 时许被告人高某、李某为讨要债款，对被害人肖某经营的厦门某速递公司店面卷闸门进行喷漆。2017 年 1 月 13 日，被告人高某向江苏省徐州市贾汪区人民法院提起民事诉讼，要求被害人肖某偿还借款本金 16 万元及利息，并对闽 D××××××号小轿车申请财产保全。2017 年 1 月 19 日，贾汪区人民法院对闽 D××××××号小轿车进行财产保全。同年 7 月 4 日贾汪区人民法院判决肖某向被告人高某支付借款本金 16 万元及利息。2017 年 11 月 3 日被告人高某擅自将闽 D××××××号小轿车以 3.8 万元卖给张某。经鉴定，闽 D××××××东风标致 3008 小轿车价值 106330 元。

【案件焦点】

“套路贷”犯罪中，被告人提起虚假诉讼，申请保全涉案车辆，在获得胜诉判决后，擅自变卖已被法院查封的涉案车辆，是否应择一重罪处罚。

【法院裁判要旨】

福建省厦门市海沧区人民法院经审理认为：被告人高某、戚某伙同他人以非法占有为目的，诈骗他人钱款人民币 14 万元，其中既遂数额为人民币 106330 元，未遂数额人民币 33670 元，数额巨大，其行为均已构成诈骗罪。公诉机关指控被告人高某、戚某犯诈骗罪成立；指控被告人高某犯非法处置查封、扣押、冻结的财产罪不成立。本案系共同犯罪。被告人高某在共同犯罪中起主要作用，系主犯；被告人戚某在共同犯罪中起次要作用，系从犯，依法应当减轻处罚。被告人高某、戚某到案后能够如实供述自己的罪行，自愿认罪，依法可以从轻处罚。被告人高某积极退赃，可酌情从轻处罚。

福建省厦门市海沧区人民法院依照《中华人民共和国刑法》第二百六十六条、第二十五条第一款、第二十六条第一、四款、第二十七条、第六十七条第三款、第六十四条，作出如下判决：

一、被告人高某犯诈骗罪，判处有期徒刑三年四个月，并处罚金人民币3万元；

二、被告人戚某犯诈骗罪，判处有期徒刑一年六个月，并处罚金人民币1万元；

三、扣押在案的作案工具手机三部、银行卡一张，依法予以没收；被告人高某交付给被害人肖某的本金人民币2万元，依法予以没收；工商资料35张，发还被告人高某；银行卡一张，发还被告人戚某。

【法官后语】

"套路贷"具有行为目的非法性、债权债务虚假性、讨债手段多样性等特征。通常涉及四个环节，恶意签约、制造违约、垒高债息和不法索债，结合本案进行分析：第一步，被告人高某利用被害人急需资金的需求，签订与实际借款金额不符的借贷协议，被害人借款3万元，扣除各项费用后仅到手1.2万元，利用恶意签约取得对被害人的债权；第二步，被害人因缴纳店面租金向被告人戚某再次借款，被告人高某以被害人向他人借款为由，肆意认定其违约；第三步，被告人高某以贷还贷的形式，再与被害人签订新的一份虚假借款金额更高的借款合同，即被害人签下16万元借款协议和汽车抵押合同，制作银行流水14万元人民币作为借款保证金，实际只到手2万元，垒高债息利用新的巨额贷款偿还旧债，另以装GPS为由骗取被害人所有车辆，拒不归还；第四步，被告人高某凭借着大量被害人借款和违约的"证据"，如虚高的借款协议、银行流水、抵押合同等，通过向法院提起民事诉讼向被害人进行索债，并申请保全涉案车辆，获得胜诉判决。本案四个环节清晰明确，是一起典型的“套路贷”犯罪。

本案的争议焦点在于，在“套路贷”犯罪中利用虚假诉讼擅自变卖查封财产的行为如何定罪，是构成诈骗一罪抑或诈骗和非法处置查封、扣押、冻结的财产两罪，归根结底在于对非法处置查封财产的行为性质认定。公诉机关认为，被告人高某转移、变卖已被司法机关查封的财产的行为应单独定罪，与诈骗罪数罪并罚。我们认为，非法处置查封财产的行为是诈骗行为的结果行为，成立牵连犯，理由如下：

首先，客观上触发两个独立罪名。“套路贷”仅是假借民间借贷之名非法占有他人财物的类型化违法犯罪的概括性称谓，从本案看，被告人主要通过虚构事实、隐瞒真相手段实现非法占有的目的的行为，触犯了诈骗罪。被告人高某在获得胜诉判决后，擅自变卖已被法院查封的涉案车辆的行为，触犯了非法处置查封、扣押、冻结的财产罪。两个行为分别触犯两个罪名，两罪具有异质性，前罪侵害了公私财物的所有权，后罪侵害了司法机关的正常活动。

其次，目的性上具有同一性。牵连犯虽然有数个犯罪行为，每个行为均有其独自的犯罪目的，但归根结底，行为人追求的犯罪目的只有一个，即目的行为的目的。被告人高某提起虚假诉讼、非法处置查封的财产的目的均是非法占有被害人的财产，非法获益这一终极目标支配着被告人作出虚假诉讼、非法处置查封财产等一系列犯罪行为。

最后，行为间具有牵连关系。牵连关系，是指数个犯罪行为之间具有方法与目的或原因与结果的密切关系。“套路贷”各环节紧密相连，环环相套，容易牵涉多种犯罪，本案中被告人高某提起虚假诉讼，申请保全涉案车辆，在获得胜诉判决后，擅自变卖已被法院查封的涉案车辆，其一系列行为的背后，有着一个中心行为，即诈骗非法取财这一目的行为，虚假诉讼是服务于目的行为的方法行为，而非法处置查封财产是由目的行为派生引发的结果行为，通过方法行为和结果行为最终实现目的行为，不同行为间具有牵连关系。

按照牵连犯“从一重处”原则，法院认定被告人高某成立诈骗一罪，驳回了公诉机关关于犯非法处置查封、扣押、冻结的财产罪的指控是正确的。

编写人：福建省厦门市海沧区人民法院　牟燕　陈芳序

26

行为人实施毒品犯罪的目的是诬告陷害他人，两个犯罪行为构成手段与目的的牵连关系，应择一重罪处罚

——黎某运输毒品、诬告陷害、非法拘禁案

【案件基本信息】

1. 裁判书字号

广东省汕尾市中级人民法院（2019）粤15刑终399号刑事判决书

2. 案号：运输毒品罪、诬告陷害罪、非法拘禁罪

【基本案情】

2016年3月14日，“老肥”打电话给被告人黎某，让其多带些人到深圳罗湖某停车场见面。黎某约了朋友与“老肥”见面后，驾驶“老肥”的面包车载“老肥”等人往深圳市福田区皇岗口岸，接到从香港来的方某某后赶往凤凰山顶，要方某某还钱，因方某某称没钱还而被殴打。次日凌晨3时许，根据“老肥”授意，黎某等人将方某某带至深圳宝安区某出租屋看管，后又转到罗湖区滨海小学隔壁一小区，“老肥”还给了黎某1袋毒品甲基苯丙胺（俗称冰毒），让其栽赃方某某贩毒。黎某带上冰毒后约上朋友“大古”，驾驶面包车从深圳市出发，载方某某往海丰县公平镇，并用方某某的香港永久性居民身份证登记入住富城酒店409号房。黎某趁方某某不注意，将冰毒放在房间床上枕头下，随后与“大古”离开房间。黎某离开房间后打电话给其在海丰县公安局公平派出所工作的亲戚，称富城酒店409号房间里有人贩毒。2016年3月15日20时许，公平派出所值班民警接举报，在该房内发现方某某（经法医检验，其损伤程度构成轻微伤），并在房里缴获冰毒1袋，净重97.6g。2018年9月1日，被告人黎某在海丰县海城镇数码城19A1房被抓获归案，公安机关从现场缴获冰毒3小袋，净重共6.99g。

【案件焦点】

1. 本案涉及的毒品犯罪应定性为运输毒品罪还是非法持有毒品罪；2. 被告人黎某实施的毒品犯罪行为与诬告陷害行为之间是否构成牵连关系，是应数罪并罚还是择一重罪处罚。

【法院裁判要旨】

广东省海丰县人民法院经审理认为：被告人黎某无视国家法律，非法拘禁他人，具有殴打情节，其行为已构成非法拘禁罪，应从重处罚；其捏造事实，作虚假告发，意图陷害他人，使他人受刑事追究，情节严重，其行为又构成诬告陷害罪；其又违反国家对毒品的管制，将毒品甲基苯丙胺97.6克从深圳市带到海丰县公平镇，其行为构成运输毒品罪。被告人黎某一人犯数罪，依法应当实行数罪并罚。鉴于被告人黎某能当庭认罪，可酌情从轻处罚。根据被告人黎某的犯罪事实、犯罪性质、情节及对社会的危害程度，依照《中华人民共和国刑法》第二百三十八条第一款、第二百四十三条、第三百四十七条第一款、第二款第一项、第六十九条第一款、第三款，第五十九条第一款，第五十六条第一款，第五十五条第一款，第六十四条的规定，判决如下：

一、被告人黎某犯运输毒品罪，判处有期徒刑十五年，剥夺政治权利五年，并处没收财产人民币10000元；犯诬告陷害罪，判处有期徒刑一年六个月；犯 非法拘禁罪，判处有期徒刑十个月；总和刑期有期徒刑十七年四个月，剥夺政治权利五年，并处没收财产人民币10000元；决定执行有期徒刑十六年十个月，剥夺政治权利五年，并处没收财产人民币10000元；

二、本案缴获的苹果手机一部予以没收，上缴国库；缴获的毒品甲基苯丙胺104.59g、吸毒工具“冰壶”1个予以没收，由公安机关依法销毁。

黎某及其辩护人上诉提出：一审认定其犯运输毒品罪及诬告陷害罪错误，其非法持有毒品行为系诬告陷害的手段，手段行为与目的行为之间存在牵连关系，应择一罪从重处罚。请求二审法院改判其犯非法持有毒品罪及非法拘禁罪，并从轻处罚。

广东省汕尾市中级人民法院经审理认为：上诉人黎某无视国家法律，非法拘禁他人，具有殴打情节，其行为已构成非法拘禁罪，应从重处罚；其捏造事实，作虚假告发，意图陷害他人，使他人受刑事追究，情节严重，其行为又构成诬告陷害罪；其又为陷害方某某，采用其从深圳市运回海丰县的毒品作为方某某“犯罪证据”的方法，意图使方某某受到刑事追究，其行为在构成诬告陷害罪的同时，又构成了运输毒品罪，属于牵连犯罪，应择一重罪即按运输毒品罪定罪处罚，并与非法拘禁罪数罪并罚。本案查获的毒品甲基苯丙胺达97.6g，应以运输毒品罪对其定罪处罚，上诉人黎某及其辩护人所提应构成非法持有毒品罪的上诉意见与查明的事实不符，不予采纳。上诉人黎某所起作用积极、主要，依法不能认定为从犯，上诉人黎某的辩护人所提其是从犯的上诉意见不予采纳。原判认定基本事实清楚，证据确实充分，审判程序合法，但未准确认定上诉人黎某的行为属牵连犯罪，导致定性不准，适用法律错误，二审予以纠正。依照《中华人民共和国刑法》第三百四十七条第二款第一项、第二百三十八条第一款、第六十九条第一款、第三款、第五十九条第一款、第五十五条第一款、第五十六条第一款、第六十四条，《中华人民共和国刑事诉讼法》第二百三十六条第一款第二项之规定，判决如下：

一、维持海丰县人民法院（2019）粤1521刑初203号刑事判决第二项对涉案物品的处理部分，撤销第一项对原审被告人黎某的定罪量刑部分；

二、上诉人（原审被告人）黎某犯运输毒品罪，判处有期徒刑十五年，剥夺政治权利五年，并处没收财产人民币10000元；犯非法拘禁罪，判处有期徒刑十个月；总和刑期有期徒刑十五年十个月，剥夺政治权利五年，并处没收财产人民币10000元；决定执行有期徒刑十五年四个月，剥夺政治权利五年，并处没收财产人民币10000元。

【法官后语】

1. 被告人黎某所实施的毒品犯罪行为应定性为运输毒品罪。黎某归案后即供称用来栽赃陷害方某某的97.6g毒品冰毒是“老肥”在深圳给其的，其将毒品带回海丰县后即入住公平镇某酒店409房间，趁方某某不备，将冰毒放在方某某的枕头下，其离开房间后报警称该房间内有人贩毒。其在一审庭审时至二审提审时翻供，称毒品系“老肥”给其钱，其在公平镇买的，其之前供述毒品是从深圳带回来是以为这样罪责可以轻一点。但经观看富城大酒店监控视频，黎某在入住酒店到离开酒店期间并未离开该酒店，与其辩解在公平镇购买毒品冰毒相互矛盾，故其归案后的第一次讯问笔录应予采信，即认定该冰毒是其从深圳带至海丰。根据《全国法院毒品犯罪审判工作座谈会纪要》的规定，在运输毒品过程中被查获，没有证据证明其是为了实施贩卖毒品等其他犯罪，毒品数量达到较大以上的，以运输毒品罪定罪处罚。故二审认为上诉人黎某及其辩护人所提构成非法持有毒品罪的上诉意见与本案查明的事实不符，不予采纳该上诉意见，黎某构成运输毒品罪。

2. 被告人黎某运输毒品的目的是诬告陷害他人，两个犯罪行为构成手段与目的的牵连关系，应择一重罪处罚。刑法上的牵连犯，是指以实施某一犯罪为目的，而其犯罪的方法或者犯罪的结果又触犯了其他罪名的犯罪形态。例如，为了诈骗而伪造公文，是以实施诈骗罪为目的，而犯罪的方法又触犯了伪造公文罪。构成牵连犯必须具备如下三个要件：一是数罪必须出于一个犯罪目的；二是必须实施了两个以上独立的犯罪行为；三是数个犯罪行为须有牵连关系。除我国刑法已明确规定的外，对于牵连犯，应从一重罪论处。

综合本案证据，被告人黎某捏造贩卖毒品的事实诬告陷害方某某，意图使方某某受到刑事追究，其实施毒品犯罪的目的是诬告陷害他人，其实施了运输毒品和诬告陷害两个犯罪行为，这两个犯罪行为构成手段与目的的牵连关系，应择一重罪处罚，原判认定其构成两罪不当，应择一重罪即按运输毒品罪定罪处罚，并与非法拘禁罪并罚。

编写人：广东省汕尾市中级人民法院　曾向虹

二、刑罚的具体运用

（一）量刑

27

恶势力犯罪中违法事实折抵刑期的认定
——何某伟等寻衅滋事案

【案件基本信息】

1. 裁判书字号

四川省眉山市东坡区人民法院（2019）川1402刑初433号刑事判决书

2. 案由：寻衅滋事罪

【基本案情】

被告人何某伟为获取非法利益，从2012年开始从事高利放贷业务。2012年至2014年，为追讨高利贷，被告人何某伟纠集被告人潘某学、李某红，使用暴力、威胁手段，多次共同对欠债人员实施寻衅滋事违法犯罪行为，形成了以被告人何某伟为首，被告人李某红、潘某学为成员并相对固定地纠集在一起的“恶势力”犯罪团伙，欺压百姓，为非作恶，扰乱社会生活秩序，造成了较为恶劣的社会影响。2014年以后，被告人何某伟为追讨高利贷，单独多次实施了殴打他人、损坏他人财物的寻衅滋事违法行为。具体事实如下：

一、殴打被害人雷某波事件

2012年年底，为向被害人雷某波追讨高利贷，被告人何某伟、李某红、潘某学在眉山市东坡区世纪新村一茶铺找到雷某波，由被告人李某红“扎场子”，被告人潘某学控制雷某波，被告人何某伟对雷某波实施了殴打。

二、殴打被害人吴某事件。

2013年，为向被害人吴某追讨高利贷，被告人何某伟、李某红在眉山市仁寿县光相小学外找到吴某，由被告人李某红“扎场子”，被告人何某伟对吴某实施了殴打。

三、殴打被害人王某源事件。

2013年10月5日，为向被害人王某源追讨高利贷，被告人何某伟、李某红在眉山市东坡区仓房街××号王某源的商铺找到王某源，被告人李某红与王某源发生了争吵、抓扯，后何某伟与被害人王某源发生了打斗，引起现场多人围观。眉山市公安局东坡区分局民警接警后将双方带到派出所进行了训诫。

四、殴打被害人罗某明事件。

2014年9月1日，被告人李某红、潘某学在眉山市市委党校附近发现被害人罗某明后将其拦下并电话通知被告人何某伟到场，为向罗某明追讨高利贷，由被告人潘某学“扎场子”，被告人何某伟、李某红对罗某明实施了殴打。罗某明报警后，眉山市公安局东坡区分局民警将双方带到派出所进行了训诫。

五、在金海岸茶楼殴打被害人周某兵事件。

2014年10月，为向被害人周某兵追讨高利贷，被告人何某伟指使刘正红将周某兵邀约到眉山市东坡区金海岸茶楼，被告人何某伟、李某红、潘某学在该茶楼外对周某兵实施了殴打，后将周某兵带至该茶楼包间内继续催讨债务。

六、在仁寿县龙正镇殴打被害人周某兵事件。

2014年10月的一天晚上，被告人李某红、潘某学在仁寿县龙正镇发现被害人周某兵后将其拦下，随后通知被告人何某伟到场，为向周某兵追讨高利贷，由被告人李某红、潘某学“扎场子”，被告人何某伟对周某兵实施了殴打。

七、2014年以后，被告人何某伟为追讨高利贷，单独实施了以下寻衅滋事违法行为

2018年2月，为追讨高利贷，被告人何某伟在眉山市东坡区新区大市场四方园

茶铺找到被害人龚某并打了其一耳光。

2018年3月6日，被告人何某伟到眉山市东坡区大北街和平小区被害人胡某杰家中追讨高利贷时，用胡某杰家的烟灰缸将其电视机砸坏。因不符合鉴定条件，无法对受损物品做价值鉴定。

2018年9月14日，被告人何某伟在眉山市岷东新区富牛镇江白路向被害人胡某祥追讨高利贷时，使用棒球棍将胡某祥的农用车砸坏，9月21日，眉山市公安局岷东新区分局对何某伟处以行政拘留8日。因不符合鉴定条件，无法对受损物品做价值鉴定。

【案件焦点】

1. 罗某明被追债案已被公安机关训诫，胡某祥被追债案中，何某伟已被公安机关行政拘留8日，纳入本案评价是否违反一事不再罚原则以及该8日是否应折抵刑期的问题；2. 公诉机关指控的雷某波被追债案、吴某被追债案、王某源被追债案是否已过诉讼时效的问题；3. 被告人是否属于恶势力团伙。

【法院裁判要旨】

四川省眉山市东坡区人民法院经审理认为：经查，根据《最高人民法院、最高人民检察院、公安部、司法部关于办理实施“软暴力”的刑事案件若干问题的意见》的规定，根据寻衅滋事罪的司法解释第二条至第四条的多次，一般应当理解为二年内实施寻衅滋事行为三次以上。既包括同一类别行为，也包括不同类别行为；既包括未受行政处罚的行为，也包括已受行政处罚的行为。故罗某明被追债案虽已被公安机关训诫，但并不影响本案中将该案作为三被告人寻衅滋事罪的犯罪构成。关于胡某祥被追债案中何某伟已被行政拘留8日，是否在本案对何某伟的量刑中予以抵扣，本院认为，公诉机关只将胡某祥、胡某杰、龚某等人被追债案作为何某伟单独实施的违法事实予以表述，并非指控为犯罪事实，在量刑中不应予以抵扣。关于被告人何某伟之辩护人提出“控方指控被告人何某伟寻衅滋事的事实中有一起已经被行政拘留，应当对行政拘留日期在总刑期中予以抵扣”的辩护意见不能成立，本院不予支持。

本案中，公诉机关以2014年的三起寻衅滋事行为指控三被告人犯寻衅滋事罪，对之前三起寻衅滋事行为作为恶势力团伙的违法事实予以指控，未作为犯罪事实予以评判，不属于刑法关于时效限制调整的范畴。故被告人何某伟及其辩护人提出“公诉机关指控的2012年至2013年的三次寻衅滋事行为已过诉讼时效”的辩解、辩护意见不能成立，本院不予支持。

从查明事实来看，被告人何某伟为获取非法利益，长期从事高利放贷业务。为追讨高利贷，被告人何某伟经常与潘某学、李某红纠集在一起，拦截或者随意殴打、威胁他人，两年内多次共同实施违法犯罪活动，为非作恶，欺压百姓，在高利放贷行业内具有一定影响力，扰乱了社会、经济秩序，造成了较为恶劣的社会影响，应当认定三被告人形成了以何某伟为首，被告人潘某学、李某红为成员的恶势力团伙。关于被告人何某伟及其辩护人、被告人潘某学之辩护人、被告人李某红均提出“不属于恶势力团伙”的辩解、辩护意见不能成立，本院不予支持。

本案系恶势力团伙犯罪，在对三被告人量刑时，结合各被告人在恶势力团伙违法犯罪中的地位、作用、主观恶性、人身危险性等因素进行综合评判。被告人何某伟为恶势力团伙的纠集者，应依法从严惩处。

四川省眉山市东坡区人民法院依照《中华人民共和国刑法》第二百九十三条第一款第一项，第二十六条第一款、第四款，第二十七条，第六十七条第一款，第六十一条及《最高人民法院、最高人民检察院关于办理寻衅滋事刑事案件适用法律若干问题的解释》第二条之规定，作出如下判决：

一、被告人何某伟犯寻衅滋事罪，判处有期徒刑三年六个月；

二、被告人李某红犯寻衅滋事罪，判处有期徒刑二年六个月；

三、被告人潘某学犯寻衅滋事罪，判处有期徒刑一年十个月。

【法官后语】

在审理恶势力案件中，若被告人多次实施单一性质的违法行为，单次的情节或者数额尚不构成犯罪，但按照刑罚或者司法解释有关规定累加应作为犯罪处罚，如寻衅滋事罪中多次随意殴打他人，属于情节恶劣，构成寻衅滋事罪。在未作为犯罪事实指控的违法事实中，虽有违法事实已被公安机关处理如行政拘留，但该事实仅是认定恶势力的事实依据，并非属于该罪的犯罪构成，故行政拘留的天数不应在最终刑期中予以抵扣。本案中被告人何某伟为获取非法利益，实施了多次随意殴打他人以及损毁他人财物的违法行为，其中2014年实施的三次寻衅滋事行为已构成寻衅滋事罪，2018年被告人因损毁他人财物的违法行为被公安机关行政拘留8日，公诉机关仅作为违法事实予以表述，未将该事实指控为犯罪事实，故在量刑中不应抵扣刑期。

编写人：四川省眉山市东坡区人民法院　鲁钦沛

28

向多人多次贩卖“咳嗽水”，情节严重，以贩卖毒品罪论处

——王某聪贩卖毒品案

【案件基本信息】

1. 裁判书字号

福建省晋江市人民法院（2019）闽0582刑初1985号刑事判决书

2. 案由：贩卖毒品罪

【基本案情】

2019年1月~3月，被告人王某聪在网络平台上购得复方磷酸可待因口服溶液（俗称“咳嗽水”）后，从分别贩卖给王某寅、张某警、颜某强、吴某诚，总计贩卖14次380包；2019年3月4日，被告人王某聪在与颜某强交易复方磷酸可待因口服溶液时被公安机关当场查获。公安机关从被告人王某聪身上及其驾驶的车上搜查并扣押到复方磷酸可待因口服溶液286包、包装盒2个、说明书1张。案发后，查获的复方磷酸可待因口服溶液经泉州市公安局物证鉴定所检验，送检检材均检出可待因。经提取尿液现场检测，王某聪、颜某强检测样本吗啡检测试剂呈阳性，张某警检测样本甲基安非他明、吗啡检测试剂呈阳性。

【案件焦点】

被告人王某聪向多人多次贩卖国家管制的精神药品的行为如何定性及量刑。

【法院裁判要旨】

福建省晋江市人民法院经审理认为：被告人王某聪违反国家对毒品的管理规定，明知是毒品而予以贩卖，情节严重，其行为已构成贩卖毒品罪，公诉机关指控的罪名成立。被告人归案后如实供述自己的罪行，是坦白，本院予以从轻处罚。辩护人提出被告人王某聪认罪态度好，有坦白情节，是初犯、偶犯，可以从轻处罚的辩护意见本院予以采纳。据此判决：被告人王某聪犯贩卖毒品罪，判处有期徒刑三年六个月，并处罚金人民币四千元。

一审宣判后，在法定期限内被告人未上诉，公诉机关亦未抗诉，判决已发生法律效力。

【法官后语】

“咳嗽水”是处方药复方磷酸可待因口服液的俗称，由于此药含磷酸可待因和麻黄碱两种成分作用叠加，过度服用极易成瘾，自 2015 年 5 月 1 日被国家列为第二类管制精神药品，非法买卖即为贩卖毒品。因为购买方便、隐蔽性强，价格低廉等因素，近年来，“咳嗽水”成为一种新型毒品，通过网络渠道在年轻群体中日益泛滥。本案中无论是卖方王某聪还是买方颜某强等人，都只有二十几岁，却有长期饮用“咳嗽水”的历史，每次吸食几十包，严重损害身体健康。目前社会大众尤其是年轻群体对滥用“咳嗽水”等精神药品的危害性及贩卖此类物品可能构成犯罪尚未形成认识，需引起社会的广泛重视。

福建省晋江市人民法院严格贯彻落实中央关于加强禁毒工作的意见要求，充分发挥刑事审判职能，坚决遏制含可待因复方口服溶液的药品在非法渠道肆意贩卖的势头，阻断该类药品非法滥用，切实保护公民的身体健康。本案被告人王某聪向多人多次贩卖可待因，根据法律规定，属于贩卖毒品情节严重，综合考虑其坦白等量刑情节，依法作出上述判决。

编写人：福建省晋江市人民法院　陈瑜滨

29

对认罪态度好、没有造成严重后果，但人身危险性大的醉驾再犯也可顶格量刑

——周某平危险驾驶案

【案件基本信息】

1. 裁判书字号

湖南省湘西土家族苗族自治州中级人民法院（2019）湘31刑终333号刑事裁定书

2. 案由：危险驾驶罪

【基本案情】

2019年6月4日，被告人周某平（2018年7月因犯危险驾驶罪被判刑并适用缓刑）无证驾驶小汽车，在湖南省吉首市核心城区行驶，22时许，当车行驶至当地最大超市——佳慧超市后面外路段时，与尚某莲驾驶的小汽车发生刮擦，造成两车受损的道路交通事故。尚某莲当即下车告诉周某平撞车事实，见周某平因醉酒不省人事，遂打122报警。民警到达现场后，将醉酒后不省人事的周某平带往交警队并委托湘西州龙腾司法鉴定中心进行抽血检验，血液中酒精含量结果为221.6028mg/100ml。

公诉机关认为，应当以危险驾驶罪追究被告人刑事责任；被告人系坦白，认罪认罚。建议判处被告人拘役4~6个月，并处罚金，可适用缓刑。公诉机关后当庭变更公诉意见为不适用缓刑。

被告人周某平对公诉机关指控的事实及罪名均无异议。辩护人提出，被告人如实供述，当庭自愿认罪，可从轻处罚。

【案件焦点】

被告人周某平曾因犯危险驾驶罪被判刑并适用缓刑，现在又犯该罪，应如何适用刑罚。

【法院裁判要旨】

湖南省吉首市人民法院经审理认为：被告人周某平行为已构成危险驾驶罪。被告人到案后能如实供述，当庭自愿认罪，可以从轻处罚。被告人醉酒后无证驾驶机动车在道路上行驶，应从重处罚。被告人血液中酒精含量达到200mg/100ml以上，应从重处罚。被告人醉酒驾驶机动车，后陷入不省人事的状态，以其醉酒程度驾驶机动车在道路上行驶，会对社会造成极大危害。被告人曾因犯危险驾驶罪被判处刑罚，在缓刑考验期结束后其再犯危险驾驶罪，如继续对其适用缓刑，既是对被告人不负责任，也是对社会不负责任。根据刑罚的特殊预防与一般预防目的，决定对被告人不适用缓刑。据此判决：周某平犯危险驾驶罪，判处拘役六个月，并处罚金人民币5000元。

周某平上诉称：原判认定事实清楚，但适用法律不当，对上诉人量刑偏重。理由是：其行为发生在晚上十点以后，与尚某莲驾驶的小汽车发生轻微刮擦，没有造成严重危害后果；其到案后如实供述，当庭自愿认罪、悔罪，原判对其顶格量刑，没有体现从轻处罚。请求撤销原判，对其从轻改判并适用缓刑。

湖南省湘西土家族苗族自治州中级人民法院经审理认为：上诉人周某平虽有如实供述、自愿认罪、悔罪等从轻处罚情节，但其无证、醉酒驾驶机动车上路行驶，血液中酒精含量达到221.6028mg/100mL以上；且曾因酒后驾驶机动车受过刑事追究，主观恶性深，社会危害性大，应从重处罚。原判根据其犯罪的事实、情节和对于社会的危害程度，量刑并无不当。据此作出裁定：驳回上诉，维持原判。

【法官后语】

本案事实清楚。被告人周某平有如实供述、自愿认罪、悔罪以及客观上没有造成严重后果等从轻处罚情节。但人民法院还是毅然决然对其在法定刑幅度内予以顶格处罚，并且不适用缓刑。

对此，除在两审裁判文书中表述的内容外，还着重考虑了以下几个方面：

一、准确理解并认真对待罪责刑相适应原则

罪责刑相适应原则的含义是：犯多大的罪，就应承担多大的刑事责任，法院也应判处其相应轻重的刑罚，做到重罪重罚，轻罪轻罚，罚当其罪，罪刑相称；在分析罪重罪轻和刑事责任大小时，法院不仅要看犯罪的客观社会危害性，还要结合考虑行为人的主观恶性和人身危险性，把握罪行和罪犯各方面因素综合体现的社会危害性程度，从而确定其刑事责任程度，适用相应轻重的刑罚。《中华人民共和国刑法》第六十一条的规定是该原则在刑罚适用方面的具体要求和体现。

罪责刑相适应原则涉及罪行、刑事责任和刑罚三个基本范畴之间的关系。罪行（符合犯罪构成的主客观事实情况）是行为人承担刑事责任的前提，也是决定行为人刑事责任轻重的决定性依据。但行为人的个人情况所决定的主观恶性（再犯可能性、人身危险性）也是影响刑事责任的重要因素。刑罚作为实现刑事责任的基本方式，应当受行为人所犯罪行及其所决定的刑事责任的轻重的制约，在主要考虑犯罪分子所犯罪行的轻重并据以决定刑罚轻重的同时，亦适当考虑犯罪分子的个人情况对刑事责任和刑罚轻重的影响，从而使罪行、刑事责任和刑罚之间保持均衡和成比例的状态。不能将罪责刑相适应原则错误理解为罪刑相适应原则，因而在适用刑罚时，只考虑犯罪分子所犯罪行的轻重并据以决定刑罚轻重，不考虑犯罪分子的个人情况所决定的主观恶性（再犯可能性、人身危险性）对刑事责任和刑罚轻重的影响。

二、充分考虑刑罚的目的，不能简单地就案办案

创制、适用和执行刑罚的目的，只能是预防犯罪。由于预防的对象不同，通常把刑罚的目的区分为特殊预防（防止犯罪人重新犯罪）和一般预防（防止尚未犯罪的人走上犯罪道路）。特殊预防与犯罪人的人身危险性密切相关。一般来说，犯罪人的人身危险性程度强的，应当适用较重的刑罚，反之亦然。同时，按照特殊预防的要求，在对犯罪人适用刑罚时，还应当根据犯罪人人身危险性的特点，有针对性地进行教育改造。而这一切则正是刑罚个别化原则的根据之所在。

人民法院在个案中适用刑罚，既要考虑特殊预防，又要考虑一般预防，二者不可偏废。如果舍弃了其中任何一个方面，都将使刑罚的目的难以实现。

特殊预防与一般预防是相互依存、不可分割的，但应根据具体情况不同而对其中一个方面予以侧重：(1) 在刑事立法上侧重一般预防，在刑罚执行时应侧重特殊

预防，在刑事审判中则应当两个预防并重。(2) 因犯罪人不同而有所侧重。对累犯、惯犯等人身危险性较大的犯罪分子，应侧重于特殊预防；对初犯、偶犯等再犯可能性不大的犯罪人，侧重于一般预防。(3) 对特殊、罕见的犯罪适用刑罚，要侧重于特殊预防；对常见多发性犯罪，则应侧重于一般预防。(4) 在社会治安形势稳定、犯罪率较低的时期，要侧重于特殊预防；在社会治安形势恶化，犯罪率较高的时期，则应侧重于一般预防。

据统计，我国当前危险驾驶犯罪高发，已经超越盗窃罪，在犯罪种类中位列第一。对危险驾驶罪的被告人的普遍量刑偏轻，过多地适用缓刑，应该是重要原因。因此，对危险驾驶罪的被告人，不能再轻易从轻处罚，也不能轻易适用缓刑。

三、正视本案被告人主观恶性深，再犯可能性及人身危险性大

周某平在2018年7月因犯危险驾驶罪被判刑并适用缓刑后不到一年时间，又发生危险驾驶行为，且情节更为恶劣——在城市中心城区繁华商业街道附近，深度醉酒后无证驾驶汽车。不论是根据罪责刑相适应原则，还是根据刑罚个别化原则及刑法的目的，都应该对被告人予以严惩。要通过在一定时间内剥夺被告人再犯罪的条件，来实现个案刑罚的特殊预防与一般预防。

四、本案被告人行为没有造成严重后果，不是因为其主观上努力控制，而是因为其醉酒太严重而致客观上不可能

这是没有争议的事实。因而在本案中被告人行为没有造成严重后果，不应成为对其从轻处罚的正当理由。

编写人：湖南省吉首市人民法院　向金君

湖南省湘西土家族苗族自治州中级人民法院　胡基厚

30

适用认罪认罚从宽制度的案件，要同时查明被告人的认罪事实“认罚”表现

——魏某盗窃案

【案件基本信息】

1. 裁判书字号

四川省遂宁市中级人民法院（2019）川09刑终169号刑事裁定书

2. 案由：盗窃罪

【基本案情】

2019年6月14日12时许，被告人魏某在遂宁市船山区德胜西路荣兴大都会街面处，趁无人看守之机，将被害人卢某海停放在该处的电动三轮车盗走。后低价销赃获款人民币800元。同年7月3日，被告人魏某被抓获归案。经鉴定，被盗车辆价值人民币3146元。

【案件焦点】

一审法院不采纳检察机关的量刑建议，是否系适用法律错误。

【法院裁判要旨】

四川省遂宁市船山区人民法院经审理认为：被告人魏某以非法占有为目的，秘密窃取他人财物，数额较大，其行为已构成盗窃罪。魏某归案后，如实供述自己的犯罪事实，系坦白，且认罪认罚，可以从轻处罚。魏某有犯罪前科，可酌情从重处罚。依照《中华人民共和国刑法》第二百六十四条、第六十七条第三款、第六十四条、第五十二条、第五十三条之规定，判决：一、被告人魏某犯盗窃罪，判处有期徒刑七个月，并处罚金人民币1500元；二、对被告人的违法所得人民币800元予

以追缴，并责令被告人退赔被害人经济损失人民币3146元。

该案判决后，原公诉机关四川省遂宁市船山区人民检察院抗诉称，魏某到案后自愿认罪认罚，在值班律师在场见证下，魏某同意该院提出的“有期徒刑六个月，并处罚金人民币一千五百元”的量刑建议，并在具结书上自愿签字。该院适用认罪认罚时，不存在《中华人民共和国刑事诉讼法》第二百零一条规定的五种例外情形，而且根据本案具体犯罪情节以及认罪认罚从宽情节，该院量刑建议不属于明显不当，魏某及其辩护人也未提出异议，故根据刑事诉讼法对认罪认罚从宽制度的相关规定，人民法院在作出判决时，应当采纳检察机关的量刑建议。综上所述，一审法院不采纳该院量刑建议，违反了《中华人民共和国刑事诉讼法》第二百零一条的规定，系适用法律错误。依照《中华人民共和国刑事诉讼法》第二百二十八条的规定，特提出抗诉，请依法判处。

四川省遂宁市人民检察院对四川省遂宁市船山区人民检察院的抗诉意见予以支持，提出一审法院在没有建议四川省遂宁市船山区人民检察院调整量刑建议的情况下直接不采纳其量刑建议，违反了《中华人民共和国刑事诉讼法》第二百零一条的规定，系适用法律错误。另外，一审刑期起算之日应当为魏某被抓获的2019年7月3日，原审刑期计算错误。依照《人民检察院刑事诉讼规则（试行）》[①] 第四百七十三条的规定，请依法纠正。

四川省遂宁市中级人民法院经审理认为：上原审被告人魏某以非法占有为目的，采用秘密手段窃取他人财物，数额较大，其行为已构成盗窃罪。魏某归案后，如实供述犯罪事实，系坦白，可以从轻处罚。原审系认罪认罚案件，魏某依法签署了《认罪认罚具结书》，原公诉机关依法提出精准量刑建议，经查该量刑建议不属于《中华人民共和国刑事诉讼法》第二百零一条第一款规定的可不予采纳的情形；原审判决在原审被告人、辩护人没有对量刑建议提出异议的情况下，没有建议原公诉机关调整量刑建议，而是直接对量刑建议不予采纳，且未说明理由和依据，亦违反了上述法条第二款之规定，系适用法律错误，本院予以纠正。综合原审被告人魏某的犯罪性质、犯罪后果、社会危害性等，考虑其具有的量刑情节，原公诉机关提

① 已被《人民检察院刑事诉讼规则》（高检发释字〔2019〕4号）废止，本书收录的案例均裁判于其失效前，适用的是当时有效的司法解释，下文将不再对此进行提示。

出的量刑建议在量刑规范幅度内，依法应当予以采纳。原公诉机关的抗诉及检察机关的支持抗诉意见与本院查明的事实及有关法律规定相符，应当予以采纳。依照《中华人民共和国刑事诉讼法》第二百三十六条第一款第三项之规定，裁定：驳回上诉、维持原判。

【法官后语】

本案犯罪事实清楚，魏某实施盗窃行为，涉案金额少、刑期短，本应是适用简易程序的“小案子”，但从中却反映出认罪认罚程序适用上的实践“大问题”。

实践中，法院对于公诉机关已经先行确定的认罪认罚程序往往是被动接受，在庭审调查时只是简单地询问被告人签署具结书是否是其真实意愿的表示，对公诉机关出示的证据照单全收，似乎公诉机关一旦确定了认罪认罚的基调，法院就忽略了自身司法的能动性，不再对认罪、认罚两方面的主客观证据进行审查；而公诉机关在认罪认罚案件的证据收集上，也往往满足于侦查阶段对其定罪量刑的证据标准，对在审查起诉阶段适用认罪认罚程序的证据标准有意无意地忽视——即重视收集认罪证据，忽视收集认罚证据。《关于适用认罪认罚从宽制度的指导意见指导意见》中明确规定，认罪认罚从宽制度中的“认罚”是指犯罪嫌疑人、被告人真诚悔罪，愿意接受处罚，考察的重点是犯罪嫌疑人、被告人的悔罪态度和悔罪表现，应当结合退赃退赔、赔偿损失、赔礼道歉等因素来考量；犯罪嫌疑人、被告人虽然表示“认罚”，却暗中串供、干扰证人作证、毁灭、伪造证据或者隐匿、转移财产，有赔偿能力而不赔偿损失，则不能适用认罪认罚从宽制度。由此可见，认罚并不是简单地口头表示服从公诉机关的量刑建议，而是应当以看得见的方式外化为客观行为，实践中应当以在审查起诉阶段的“退赃退赔、赔偿损失、赔礼道歉、预缴罚金”等行动体现，对于侵害财产权的案件而言，即使被告人暂无能力进行物质赔付，但“暂无能力”也应有相应的材料如财产调查、证人证言等予以证实，且必须排除其有暗中串供、干扰证人作证、毁灭、伪造证据或者隐匿、转移财产，有赔偿能力而不赔偿损失的可能，才能认定其具有“认罚”表现。

本案的二审法院认为，认罪认罚程序中公诉机关提出的量刑建议仍然是公诉机关行使的求刑权的一种，而不是从审判机关分得的审判权，既然是求刑权，与之对应的仍然是举示相应证据的义务。对于认罪，法院可以根据庭审情况结合在案证据审查被告人是否如实供述其犯罪事实来认定；那么对于认罚，法院也应当基于较为全面的证据来认定被告人已具有相当程度的表现或者其已穷尽能力赔偿挽损但无法达到理想状态。本案公诉机关并未举示证明被告人有“认罚”表现的证据，故而可能根本不具备认罪认罚程序适用基础，所以不能简单地以没有《中华人民共和国刑诉法》第二百零一条规定的例外情形就采纳量刑建议，而是应当由公诉机关全面举示“认罪、认罚”证据后，再审查确定是否应当采纳，故本案被发回重审。

编写人：四川省遂宁市中级人民法院　青小丁　李晨曦

31

认罪认罚案件中量刑建议采纳条件的把握

——来某军非法制造、储存枪支、爆炸物案

【案件基本信息】

1. 裁判书字号

湖北省宜昌市中级人民法院（2019）138 号刑事判决书

2. 案由：非法制造、储存枪支、爆炸物罪

【基本案情】

湖北省宜昌市五峰土家族自治县人民法院经公开审理查明：2016 年的一天，被告人来某军在五峰土家族自治县五峰镇“金昌机电”门市购买射钉器一支，尔后通过他人先后购买瞄准镜、钢管等零件，并雇请他人焊接钢管，自行组装后试射，后将组装物长期藏匿于家中。2018 年 9 月 21 日，被公安机关依法搜查并扣押。经宜昌市公安司法鉴定中心鉴定，该物品认定为枪支。被告人来某军早年在使用猎枪时购买黑火药，依法交出该猎枪后仍将黑火药长期藏匿在家中。2018 年 9 月 21 日被公安机关依法搜查并扣留 3003 克疑似黑火药。经宜昌市公安司法鉴定中心鉴定，均认定为黑火药。

公诉机关认为被告人来某军归案后如实供述犯罪事实，认罪认罚，自愿签署认

罪认罚具结书，可依法从轻、从宽处罚，建议对其判处三年以上有期徒刑，可适用缓刑。

辩护人提出辩护意见称，被告人来某军积极配合公安机关搜查和侦查，认罪认罚，自愿签署了认罪认罚具结书，法院适用简易程序审理了本案，来某军当庭认罪悔罪，检察院建议适用缓刑，法院应当采纳。

【案件焦点】

被告人来某军自愿签署了认罪认罚具结书，法院查明案件事实后认为量刑建议不恰当，如何把握认罪认罚案件采纳量刑建议的法律规定。

【法院裁判要旨】

湖北省宜昌市五峰土家族自治县人民法院经审理认为：被告人来某军违反国家枪支、爆炸物管理规定，非法改装枪支一支和非法储存黑火药一千克以上，其行为已构成非法制造、储存枪支、爆炸物罪。鉴于其归案后能如实供述犯罪事实，签署《认罪认罚具结书》，当庭表示认罪认罚，可从轻、从宽处罚。但公诉机关提出可适用缓刑的量刑建议，因来某军不仅制造了一支枪支，而且存储爆炸物达3003克，同时有私藏弹药的行为，严重危害公共安全。其从轻处罚的情节不足以从轻至起点刑三年，故不符合适用缓刑的条件。经调整，公诉机关的量刑建议仍不恰当，不予采纳。依照《中华人民共和国刑法》第一百二十五条第一款、第六十四条、第六十七条第三款、《中华人民共和国刑事诉讼法》第十五条及《最高人民法院关于审理非法制造、买卖、运输枪支、弹药、爆炸物等刑事案件具体应用法律若干问题的解释》第一条第一款第二项、第六项的规定，作出如下判决：

一、被告人来某军犯非法制造、储存枪支、爆炸物罪，判处有期徒刑五年；

二、扣押在案的枪支、黑火药、弹药等违禁物品予以没收，由公安机关依法处理。

被告人来某军不服一审法院的判决，提起上诉称一审判决适用法律错误，量刑畸重，应对其适用缓刑。湖北省宜昌市中级人民法院同意一审法院对被告人定罪及从轻处罚情节的认定。但认为检察院未指控其私藏弹药，一审亦未认定该情节，故将该情节作为从重判处的理由不妥。上诉人来某军非法制造枪支和非法储存黑火药已构成犯罪，但考虑其确有悔意，可从宽处理，故原判量刑过重，应予改判。湖北省宜昌市中级人民法院依照相关法律规定作出如下判决：

一、撤销五峰土家族自治县人民法院（2019）鄂0529刑初3号刑事判决第一项判决，即被告人来某军犯非法制造、储存枪支、爆炸物罪，判处有期徒刑五年；

二、维持五峰土家族自治县人民法院（2019）鄂0529刑初3号刑事判决第二项判决，即扣押在案的枪支、黑火药、弹药等违禁物品予以没收，由公安机关依法处理；

三、上诉人来某军犯非法制造、储存枪支、爆炸物罪，判处有期徒刑四年。

【法官后语】

2018年10月26日，第十三届全国人民代表大会常务委员会第六次会议通过了《全国人民代表大会常务委员会关于修改〈中华人民共和国刑事诉讼法〉的决定》。这次修改是在全面依法治国、推进国家治理现代化的时代背景下对刑事诉讼法的重要修改，认罪认罚从宽制度是此次修改的重要内容之一。其中，新增的刑事诉讼法第二百零一条对量刑建议采纳和量刑建议调整作出了规定："对于认罪认罚案件，人民法院依法作出裁判时，一般应当采纳人民检察院指控的罪名和量刑建议，但有下列情形的除外：（一）被告人的行为不构成犯罪或者不应当追究其刑事责任的；（二）被告人违背意愿认罪认罚的；（三）被告人否认指控的犯罪事实的；（四）起诉指控的罪名与审理认定的罪名不一致的；（五）其他可能影响公正审判的情形。人民法院经审理认为量刑建议明显不当，或者被告人、辩护人对量刑建议提出异议的，人民检察院可以调整量刑建议。人民检察院不调整量刑建议或者调整量刑建议后仍然明显不当的，人民法院应当依法作出判决。"

本案中，被告人来某军非法制造枪支一支，同时非法存储爆炸物3003克，依法构成了非法制造、储存枪支、爆炸物罪。根据《最高人民法院关于审理非法制造、买卖、运输枪支、弹药、爆炸物等刑事案件具体应用法律若干问题的解释》第一条第一款的规定，其制造枪支和储存爆炸物的两个行为均单独可以定罪，由于本罪名为选择性罪名，以非法制造、储存枪支、爆炸物罪定罪，法定刑为三年以上十年以下有期徒刑。根据上述解释第二条的规定，制造枪支五支或者储存爆炸物5000克以上，构成情节严重，法定刑为十年以上有期徒刑、无期徒刑或者死刑。被告人来某军在侦查阶段及移送起诉阶段积极配合调查，态度较好，自愿签订了认罪认罚具结书，开庭时公诉机关的量刑建议为有期徒刑三年，可以适用缓刑。一审法院审查认为，就本案查明的事实来看，被告人来某军不仅制造了一支枪支，还存储爆炸物达3003克，同时有私藏弹药的行为，比一般非法制造枪支一支从轻判处缓刑的犯罪情节重，严重危害公共安全。虽然其有如实供述、认罪认罚等法定、酌定从轻处罚的情节，但仍不足以对其从轻处罚至起点刑三年。一审法院认为公诉机关的量刑建议不当，根据刑事诉讼法第二百零一条第二款的规定，向公诉机关发送了《调整量刑建议函》。公诉机关后变更量刑建议为有期徒刑三年以上，可以适用缓刑。一审法院认为被告人不符合适用缓刑的条件，公诉机关的量刑建议仍然不当，于是依法对被告人判处有期徒刑五年。二审法院受理后，对一审法院查明的事实及证据予以认定，同时认为被告人私藏弹药的行为公诉机关并未指控，法院亦未认定，不宜作为从重处罚的情节。一审法院的量刑过重，依法改判为有期徒刑四年。

笔者认为，对认罪认罚从宽案件，并非一定采纳量刑建议，而是要正确把握采纳量刑建议应当具备的条件。《刑事诉讼法》第二百零一条规定了五种除外情形，本案中被告人的犯罪情形较重，如果按照起点刑判处有期徒刑三年，将违背罪责刑相适应的刑事审判原则，故本案属于“其他可能影响公正审判的情形”。但认罪认罚案件的量刑建议是控辩双方协商的结果，因此，认罪认罚案件公诉机关量刑意见的效力与不认罪案件的量刑建议效力有所不同。认罪认罚案件量刑建议，相当于公诉机关对被告人认罪认罚给予宽大处理的一个承诺，相较一般案件量刑意见更具有司法公信力。所以，法院审理认为量刑建议不当时，有必要给公诉机关调整量刑建议的机会。本案中，经公诉机关调整，量刑建议仍然不当，人民法院才依法判决。二审法院审查后，亦认为检察机关的量刑建议不当，但同时认为一审法院对被告人的从重情节运用不当，一审法院量刑过重，予以改判。综上，人民法院在审理认罪认罚案件，决定是否采纳量刑建议时，要坚持宽严相济刑事政策、罪责刑相适应及证据裁判原则。在对采纳量刑建议应当具备的条件准确把握的同时，要严格遵循量刑建议调整的相关规定。

编写人：湖北省五峰土家族自治县人民法院　向瑾

32

以虚假做法事方式利用微信诈骗行为的定罪量刑

——邓某某、林某某诈骗案

【案件基本信息】

1. 裁判书字号

广东省湛江市人民法院（2019）粤08刑终220号刑事裁定书

2. 案由：诈骗罪

【基本案情】

广东省湛江市廉江市人民法院经公开审理查明：2017年4月至8月，邓某勇（在逃）租下廉江市某某国际广场某栋某座某房和廉江市某楼盘某栋某房创办“广东巅峰创世网络科技有限公司”用于诈骗，并先后雇用被告人邓某某、林某某及林某、赖某某、胡某某（以上三人均另案处理）等人作为微信客服以虚假做法事的方式诈骗众多被害人钱财。

被告人邓某某、林某某及其同伙邓某勇、林某、赖某某、胡某某等人的作案方法是，先由邓某勇等人用电脑、手机在网络上散布虚构的“玄墨道长”“陈涵易道长”法力无边、可以“挽回感情、超度婴灵、增加财运”的事实，以欺骗一些家庭不和、感情不顺、财运不佳的男女主动加“玄墨道长”“陈涵易道长”微信号咨询，被告人邓某某、林某某及邓某勇、林某、赖某某、胡某某则根据事先安排好的话术，通过事先注册的“xms1088”“xms1066”“ xms1099”“lingkong 088”等微信号，以“玄墨道长”或者“陈涵易道长”的身份，分别与被害人进行沟通，骗取被害人将本人相片、个人相关的资料发到“玄墨道长”或者“陈涵易道长”微信号上，以及通过微信转账等方式，主动付款给被告人邓某某、林某某等人做所谓“挽回感情、超度婴灵、增加财运”的法事。被告人邓某某、林某某等人收到被害人的付款后，由赖某某、胡某某在廉江市某楼盘某栋某房内的虚假法堂上摆放客户提供的电子照片，然后拍摄照片和视频发给被害人，谎称已经为客户做过法事，并将从淘宝上购买来普通的饰品谎称是开过光的圣物寄给被害人，从中骗取被害人的钱财。

被告人邓某某自2017年4月起受雇进入公司参与诈骗作案。经统计，2017年4月26日至2017年9月4日，被告人邓某某及其同伙通过“xms1088”“xms1066”“xms 1099”“lingkong 088”四个微信号骗取被害人财物共813685.59元人民币。其中由被告人邓某某使用的“xms1088”微信号骗取被害人财物490319.99元。被告人邓某某每月领取工资3000元，外加其业绩的5%为提成，至案发前其从公司领取四个月工资加提成约25000元。

被告人林某某自2017年6月15日起受雇进入公司参与诈骗作案。经统计，2017年6月15日至2017年9月4日，被告人林某某及其同伙通过“xms1088”“xms1066”“xms1099”“lingkong 088”四个微信号骗取被害人财物共538334.31元人民币。其中由被告人林某某及同案人林某共同使用的“xms1066”和“ xms1099”微信号骗取被害人财物共125244.46元。被告人林某某每月领取工资3000元，至案发前其从公司领取两个多月工资约8300元。

【案件焦点】

电信网络诈骗犯罪中，诈骗团伙作为微信客服以虚假做法事的方式诈骗被害人钱财等行为如何定罪量刑。

【法院裁判要旨】

广东省湛江市廉江市人民法院经审理认为：被告人邓某某、林某某以非法占有为目的，受雇参加电信网络诈骗团伙，通过虚构事实的方法骗取他人财物，数额特别巨大，其行为均已构成诈骗罪，应予惩处。公诉机关指控两被告人的主要犯罪事实清楚，证据确实、充分，定性和适用法律准确，予以支持。关于量刑，两被告人诈骗数额特别巨大，其法定刑均为十年以上有期徒刑或者无期徒刑，并处罚金或者没收财产。本案中，被告人邓某某、林某某均系受雇参与诈骗犯罪，主要通过各自使用的微信号实施诈骗，并按月领取固定工资3000元或者外加5%的业绩提成，只分得小部分赃款，在共同犯罪中起次要作用，系从犯，综合考虑两被告人的具体犯罪情节，均应当减轻处罚。两被告人归案后均能如实供述所犯罪行，一审期间主动向部分被害人退赔经济损失，具有悔罪表现，可以从轻处罚。对两被告人要求从轻处罚的意见以及辩护人提出两被告人是从犯、坦白认罪，依法应当从轻或者减轻处罚的意见有理，均予以采纳。但被告人邓某某的辩护人提出对被告人邓某某判处三年以下有期徒刑并适用缓刑的意见，与被告人邓某某所犯罪行不相适应，不予采纳。

广东省湛江市廉江市人民法院依照《中华人民共和国刑法》第二百六十六条、第二十五条第一款、第二十七条、第五十二条、第五十三条、第六十七条第三款、第六十四条之规定，判决如下：

一、被告人邓某某犯诈骗罪，判处有期徒刑五年，并处罚金人民币 3 万元；

二、被告人林某某犯诈骗罪，判处有期徒刑三年八个月，并处罚金人民币 2 万元；

三、对两被告人犯罪所得赃款（除两被告人及同案人已经退赔的部分外），予以追缴。

邓某某以一审量刑过重为由提起上诉。广东省湛江市人民法院经审理认为：上诉人邓某某、林某某以非法占有为目的，受雇参加电信网络诈骗团伙，通过虚构事实的方法骗取他人财物，数额特别巨大，其行为已构成诈骗罪。经查，原审判决认定事实清楚，证据确实、充分，定罪准确，量刑适当，审判程序合法。故邓某某的上诉意见，不能成立，不予采纳。

广东省湛江市人民法院依照《中华人民共和国刑事诉讼法》第二百三十六条第一款第一项的规定，作出如下裁定：

驳回邓某某、林某某的上诉，维持原判。

【法官后语】

本案是诈骗团伙作为微信客服以虚假做法事的方式诈骗被害人钱财的典型案例。近年来，随着电信网络诈骗犯罪的蔓延，社会上还出现了专门为诈骗团伙牟取非法利益的“职业取款人”。这类犯罪分子通过频繁更换银行卡、身份证和手机号码，辗转各地为诈骗犯罪团伙转取款，作案手段极为隐蔽，严重干扰、阻碍了司法机关打击电信网络诈骗犯罪活动。希望广大群众要以平常心面对社会竞争，不要心存侥幸，轻信此类虚假信息，避免上当受骗。此外，有关平台网站也应切实履行监管义务，对发布信息的真实性加强审核，防止犯罪分子利用网络平台进行诈骗。

编写人：广东省湛江市廉江市人民法院　叶树天

（二）自首与立功

33

“翻供型”坦白的认定

——张某勇纵容黑社会性质组织、受贿案

【案件基本信息】

1. 裁判书字号

福建省厦门市海沧区人民法院（2019）闽0205刑初225号刑事判决书

2. 案由：纵容黑社会性质组织罪、受贿罪

【基本案情】

福建省厦门市海沧区人民法院经公开审理查明：

一、纵容黑社会性质组织罪

2010年4月，厦成高速A4标段青新隧道工程施工开始阶段，海沧区海沧街道青礁村原村委会主任颜某秋（已判刑）请求时任海沧街道党工委委员、海沧街道办事处副主任、驻该村工作组组长的被告人张某勇对其伙同该村村民颜某敏（已判刑）谋取青新隧道洞渣的计划提供便利、支持，并允诺给予张某勇相应好处费。被告人张某勇明知颜某秋伙同颜某敏等人以阻挠施工的方式逼迫隧道施工单位商请政府部门协调处理该洞渣归属，也明知颜某敏及其黑社会性质组织成员在海沧区长期从事违法犯罪活动，仍答应帮助颜某秋。在区政府应施工单位请求协调处理青新隧道洞渣归属的过程中，被告人张某勇不按规定履行驻村工作组组长的职责，未如实报告颜某秋欲伙同颜某敏谋取洞渣的计划，故意不组织、参加青礁村集体会议研究洞渣处置方案，还利用职务之便，以照顾青礁村的集体利益、维护社会稳定等为由

积极建议洞渣归青礁村委，并在颜某秋私自以村委会名义出具的由侨生劳务队承接处置洞渣的介绍信上签字盖章予以确认。2010 年 5 月 11 日，区政府召开专题会议，将洞渣确定给青礁村集体。被告人张某勇又以街道办名义为颜某秋对接施工单位处置洞渣提供担保。在张某勇的纵容、支持下，颜某秋顺利通过由其本人实际控制的侨生劳务队与施工单位对接，伙同颜某敏将洞渣出售牟利。2011 年 5 月，颜某秋将部分洞渣收益作为好处费送予张某勇。

二、受贿罪

2010 年至 2018 年，被告人张某勇在担任厦门市海沧区海沧街道办事处党政办主任、党工委委员、办事处副主任、党工委副书记以及新阳街道党工委副书记期间，利用职务上的便利为他人谋取利益，非法收受他人财物价值共计 78.981 万元。

归案后，被告人张某勇不仅如实供述其纵容黑社会性质组织罪及收受颜某秋贿赂的犯罪事实，还主动供述了办案机关尚未掌握的其收受颜宏荣等人贿赂的犯罪事实。虽然被告人张某勇在如实供述自己的罪行后又翻供，但其在庭审过程中又作如实供述。

【案件焦点】

1. 被告人在侦查阶段如实供述其全部犯罪事实，在审查起诉阶段翻供，但其在一审判决前又作如实供述，是否认定为坦白；2. 不作为犯的犯罪行为在《中华人民共和国刑法修正案（八）》实施后仍持续存在，是否应“从旧兼从轻”。

【法院裁判要旨】

福建省厦门市海沧区人民法院经审理认为：（1）被告人张某勇作为国家机关工作人员仅存在不依法履行职责，放纵黑社会性质组织进行违法犯罪活动的行为，而不存在“包庇”行为，故依法应认定被告人张某勇成立纵容黑社会性质组织罪；（2）被告人张某勇作为负有行政管理职责的国家机关工作人员，故意不履行职责，纵容黑社会性质组织通过违法犯罪行为非法获取经济利益的行为在《中华人民共和国刑法修正案（八）》［以下简称刑法修正案（八）］实施后仍长期、持续存在，故应适用刑法修正案（八）实施后第二百九十四条第三款的规定进行量刑；（3）被告人张某勇归案后如实供述了其放纵黑社会性质组织进行违法犯罪活动及受贿的犯罪事实。虽然被告人张某勇在如实供述自己的罪行后又翻供，但其在一审判决前又作如实供述，应当认定为坦白。

被告人张某勇身为国家机关工作人员，纵容黑社会性质的组织进行违法犯罪活动，其行为已构成纵容黑社会性质组织罪。被告人张某勇身为国家机关工作人员，利用职务便利为他人谋取利益，非法收受他人财物，价值共计人民币789810元，数额巨大，其行为已构成受贿罪。被告人张某勇具有坦白情节，依法可以从轻处罚，被告人张某勇亲属已代为退缴全部赃款，可酌情从轻处罚。被告人张某勇认罪认罚，依法可以从宽处罚。被告人张某勇一人犯二罪，依法应当数罪并罚。

福建省厦门市海沧区人民法院依照《中华人民共和国刑法》第二百九十四条第三款、第三百八十五条第一款、第三百八十六条、第三百八十三条第一款第二项、第二款、第六十七条第三款等规定，判决如下：

一、被告人张某勇犯纵容黑社会性质组织罪，判处有期徒刑一年六个月；犯受贿罪，判处有期徒刑三年六个月，并处罚金人民币20万元；数罪并罚，决定执行有期徒刑四年四个月，并处罚金人民币20万元；

二、扣押于厦门市海沧区监察委员会的赃物黄金金条一根及被告人张某勇退缴的赃款人民币75万元，均依法予以没收，上缴国库。

【法官后语】

一、“翻供型”坦白的认定

被告人在侦查阶段如实供述其全部犯罪事实，在审查起诉阶段翻供，但其在一审判决前又作如实供述，是否认定为坦白?

根据刑法第六十七条第三款的规定，坦白是指犯罪嫌疑人除构成自首外的如实供述自己罪行的行为。正确理解刑法中的坦白，应注意以下几点：

坦白主体为犯罪嫌疑人。即只有在侦查和审查起诉阶段如实供述自己罪行的，才属于坦白。如此规定，理由有二：一是将坦白的时间界限前置，有利于发挥坦白的功能。越早坦白，越有助于侦查机关及早侦结案件，能够节约司法资源、提高司法效率。若到审判阶段才坦白，此时证据已经基本上确实充分，坦白失去意义。二是与认罪情节相区别。司法实践中，对于被告人在审判阶段如实供述自己罪行的，已经单独认定为认罪情节。

坦白的到案形式是被动归案。坦白与自首都要求如实供述自己罪行，区别主要在于自首必须是犯罪以后自动投案，若是被动归案，除非如实供述了司法机关还未掌握的其他不同种罪行，否则只能构成坦白。

本案中，被告人张某勇在侦查阶段如实供述，在审查起诉阶段翻供，但其在一审判决前又作如实供述，我们仍然认定其为坦白，主要基于张某勇在侦查和审查起诉阶段如实供述自己的罪行，使侦查机关得以及时收集证据、及早侦结案件，其虽在审查起诉阶段翻供，但在一审判决前如实供述，其翻供并未实质影响案件的侦查、审判，仍有助于节约司法资源、提高司法效率，仍具备坦白的意义，不能仅仅以被告人张某勇的身份已是“被告人”而非“犯罪嫌疑人”来简单、机械地认定其不符合坦白的条件。综上，主审法官认定告人张某勇仍具有坦白情节，依法予以从轻处罚。

二、从旧兼从轻原则的适用

刑法在溯及力问题上采取的是从旧兼从轻原则。不作为犯的犯罪行为在刑法修正案（八）实施后仍持续存在，处罚是否应“从旧兼从轻”?

本案中，被告人张某勇犯罪行为的时间始于2010年，2011年施行的刑法修正案（八）将包庇、纵容黑社会性质组织罪的量刑规定从“三年以下有期徒刑、拘役或者剥夺政治权利”修改为“处五年以下有期徒刑”，由此产生争议问题，即对被告人张某勇犯纵容黑社会性质组织罪是否应采用“从旧兼从轻”原则，以修改前较轻刑罚予以量刑?

被告人为不作为犯，在适用从旧兼从轻原则时，要确定不作为犯的“行为时”，关键是确定不作为结束的时间点。对此笔者认为，不作为是否实施完毕的判断标准是“是否仍然有必要履行作为义务”。如果行为人应继续履行其义务，则不作为尚未实施完毕，在此时间之内新法生效的，直接适用新法。本案中，综合考虑两点：第一，被告人在2010年4月至2015年6月担任作为负有行政管理职责的国家机关工作人员，故意不履行职责；第二，被告人纵容黑社会性质组织通过违法犯罪行为非法获取经济利益的行为在刑法修正案（八）实施后仍长期、持续存在。综上，人民法院依照刑法修正案（八）实施后的规定对被告人进行量刑处罚。

编写人：福建省厦门市海沧区人民法院　卢建斌　尹志泉

34

共同犯罪人未如实供述所知同案犯的自首认定问题

——陈某寻衅滋事案

【案件基本信息】

1. 裁判书字号

福建省厦门市海沧区人民法院（2019）闽0205刑初423号刑事判决书

2. 案由：寻衅滋事罪

【基本案情】

福建省厦门市海沧区人民法院经公开审理查明：2014年4月1日22时许，被告人陈某和岳某（已判决）等五人在厦门市海沧区新垵村南片雅宣理发店内，因衣服被被害人张某碰掉在地一事与之发生纠纷。后被告人陈某等五人借故生非，持砍刀、折叠刀等工具砍击被害人张某致其受伤。经鉴定，被害人张某左侧血气胸，肺压缩约50%，损伤程度为轻伤一级。案发后，被告人陈某等人驾车逃离现场。2019年4月25日，被告人陈某主动到厦门市公安局海沧分局新阳派出所投案，但仅供述了自己和岳某的犯罪事实，未如实供述所知的其他同案犯。

【案件焦点】

共同犯罪人自动投案并如实供述自己的犯罪事实的同时，未如实供述所知的全部同案犯，能否认定为自首。

【法院裁判要旨】

福建省厦门市海沧区人民法院经审理认为：根据《最高人民法院关于处理自首和立功具体应用法律若干问题的解释》第一条第二项的规定，共同犯罪案件中的犯罪嫌疑人，除如实供述自己的罪行，还应当供述所知的同案犯，主犯则应当供述所知其他同案犯的共同犯罪事实，才能认定为自首。被告人陈某主动归案后，供述案发时只有其本人和岳某参与打斗，现场没有其他人员参与伤害被害人。首先，被告人的辩解与日常逻辑不相符，根据同案犯供述、被害人陈述及目击证人证言，均可证明案发时有五、六个人参与殴打被害人且有多人手持关公刀，在室内一人持刀与多人持刀进行伤害的场景差别甚大，被告人陈某持刀身处其中，却辩称只有其本人持砍刀，这与正常人的感知、日常逻辑不相符；其次，根据当庭播放监控录像的内容显示，案发当天，在被告人陈某骑摩托车逃离途中，被告人陈某停下车辆且与同案犯岳某返回理发店，经接应，一辆摩托车载着其他持刀人员与陈某、岳某所骑的摩托车先后驶离现场。庭审中，被告人陈某明确是其本人驾驶车辆，作为驾驶人员，在车辆行驶过程中停车并且下车返回，该行为是受大脑支配控制的有意识的举动，被告人陈某虽不愿意供述停车返回的原因甚至在展示客观证据的情况下否认其中途返回现场，但可以说明被告人陈某有所隐瞒，未如实供述出其所知的同案犯。综上，因本案未区分主从犯，故不要求被告人供述同案犯的共同犯罪事实，但如实供述所知同案犯至少应包括其所知的同案犯人数，被告人拒绝供述有多名同案犯参与伤害被害人，依法不能认定具有自首情节。被告人陈某因日常生活中的琐事，借故生非，伙同他人持械随意殴打他人，致一人轻伤，情节恶劣，其行为已构成寻衅滋事罪。公诉机关指控的罪名成立。本案系共同犯罪，但不必区分主从犯。被告人陈某系累犯，依法应当从重处罚。

福建省厦门市海沧区人民法院依照《中华人民共和国刑法》第二百九十三条第一款、第二十五条第一款和第六十五条第一款之规定，判决如下：

被告人陈某犯寻衅滋事罪，判处有期徒刑二年。

【法官后语】

本案的裁判重点在于认定共同犯罪人是否构成自首，其认定要点主要有二：一是确认共同犯罪人“如实供述”的范围，二是判断共同犯罪人是否如实供述了所知的同案犯。

一、“如实供述”的范围界定

《中华人民共和国刑法》第六十七条规定：“犯罪以后自动投案，如实供述自己的罪行的，是自首……”因此，成立自首的两个必备要件是“自动投案”和“如实供述自己的罪行”，二者缺一不可。在共同犯罪中，犯罪嫌疑人如实供述的

“主要犯罪事实”是具有两重性的，包括整体和个体两方面内容。对于共同犯罪中犯罪嫌疑人是否如实供述主要犯罪事实的审查，也应该同时从整体和个体的两个角度进行。基于此，《最高人民法院关于处理自首和立功具体应用法律若干问题的解释》（以下简称《解释》）第一条进一步明确规定：“共同犯罪案件中的犯罪嫌疑人，除如实供述自己的罪行，还应当供述所知的同案犯，主犯则应当供述所知其他同案犯的共同犯罪事实，才能认定为自首。”根据该司法解释的规定，共同犯罪人成立自首所要求的“如实供述”的范围要大于单独犯罪的自首供述，即不仅需要供述自己在共同犯罪中参与实施的犯罪事实，还需要供述自己知道的，或者与自己有着密切联系的其他共同犯罪人或其他共同犯罪人及他的共同犯罪事实。且如实供述的标准是呈阶梯式的，主犯的供述最为严格，需要供述其他共犯的共同犯罪事实，而对于不区分主从犯的共同犯罪人，仅要求供述出“所知的同案犯”。

二、如何理解“应供述所知的同案犯”

第一，需判断确实存在同案犯参与共同犯罪的事实，被告人对犯罪事实存在辩解的，应根据物证、证人证言、视听资料等证据综合判断。第二，再行判断同案犯能被共同犯罪人所知。按照《解释》中阶梯式供述范围的立法原意，供述所知的同案犯并不要求非主犯的共同犯罪人供述同案犯的具体身份信息，具体实施的共同行为，其判断标准降至最低为至少应供述案发当场有无其他人员参与其中、同案犯的人数。

具体到本案，被告人自动投案，且投案后如实供述自己和其他一同案犯的罪行这二点均无争议，但能否认定被告人已经供述所知的同案犯存在争议。首先，从本案事实的发生、行为人的实行行为、各行为人之间的关系等因素分析，均无法明显区分各行为人在共同犯罪中的作用大小，故本案不宜区分主从犯，应认定为一般的共同犯罪。被告人陈某自动投案后，如实供述的范围应需供述出“所知的同案犯”。其次，从证据上看，已判决的同案犯供述、被害人陈述及目击证人证言均能证实参与打斗的人数有五六人且有多人手持关公刀，监控录像的内容也显示案发当天，当被告人驾驶摩托车逃离途中曾停下车辆返回案发地点，经接应，一辆摩托车载着其他持刀人员与被告人所骑的摩托车先后驶离现场，证据间可相互印证犯罪现场共同犯罪人的人数不止有二人这一事实。现场多人持刀与现场仅二人且只有一人持刀对于正常人来说是可以被感知且具有明显的感知差别，被告人存在着二次返回犯罪现场的行为，且往返同行的人数明显不同，被告人以记不清为辩解理由与日常逻辑不符。被告人存在倾向性的选择供述，其连参与伤害被害人的同案犯人数都拒绝供述，供述的标准无法达到“如实供述所知的同案犯”，依法不能认定为自首。

编写人：福建省厦门市海沧区人民法院　黄少斌　邱碧蓉

35

交通肇事后逃逸不影响逃逸后自首的认定

——李某民交通肇事案

【案件基本信息】

1. 裁判书字号

福建省厦门市中级人民法院（2018）闽02刑终528号刑事判决书

2. 案由：交通肇事罪

【基本案情】

2018年1月29日8时26分许，被告人李某民驾驶闽DB××××号小型越野客车沿厦门市海沧区东孚大道由西往东行驶，行至东孚大道大溪路口时左转弯，被害人王某团驾驶闽EE××××号正三轮载货摩托车沿厦门市海沧区东孚大道由东往西直行。被告人李某民左转弯时未提前开启转向灯，未让直行的由被害人王某团驾驶的正三轮载货摩托车先行，被害人王某团在往右打方向避让过程中正三轮摩托车单偏侧翻，造成王某团当场死亡及车辆损坏的交通事故。经鉴定，被害人王某团符合胸部受交通事故钝性外力作用致胸腔脏器损伤而死亡。经事故认定，被告人李某民驾驶车辆行经没有交通信号灯控制也没有交通警察指挥的交叉路口左转弯时未提前开启转向灯，且转弯未让直行车辆先行，负事故的主要责任。被害人王某团驾驶安全设施不全（前制动不符合规定要求）的机动车行经事故路口未确保安全驾驶，负事故的次要责任。事故发生后，被告人李某民驾车逃逸，后经民警通知回到现场接受调查。到案后，被告人李某民如实供述其驾车左转弯未让直行三轮摩托车先行，导致三轮摩托车为躲避侧翻摔倒，及其看到摩托车摔倒驾车驶离的主要犯罪事实。案发后，被告人李某民已赔偿被害人家属人民币5万元。

【案件焦点】

被告人李某民是否具有自首情节。

【法院裁判要旨】

福建省厦门市海沧区人民法院经审理认为：在案证据足以认定被告人李某民在交通肇事后逃逸。理由如下：（1）案发当天被告人李某民接受询问时称其开车时精神状态良好，视力正常，且明确知道其驾车左转弯时被害人驾驶的三轮摩托车在其车前冲过摔倒，即被告人李某民明知发生了交通事故。（2）被告人李某民在会车时采取了刹车的制动措施，两车仍有刮擦，被告人李某民辩解未感觉到两车有碰到，但明知事故发生时两车处于会车状态，且应当知道对方车辆侧翻与两车会车有关。机动车驾驶人在发生交通事故后，应当立即停车、保护现场、立即抢救受伤人员并及时报案。被告人李某民知道或者应当知道其系事故相关方，却驾车驶离现场，没有主动留下任何可以识别其身份的信息，明显是为逃避可能承担的法律责任。被告人相关辩解和辩护人相关辩护意见，理由不足，不予采纳。被告人李某民驾驶车辆左转弯时未提前开启转向灯且转弯未让直行车辆，因而发生交通事故，致一人死亡，且在交通肇事后逃逸，其行为已构成交通肇事罪。公诉机关指控的罪名成立。被告人李某民接民警通知后主动到案，如实供述事故经过及其驾车驶离的主要犯罪事实，系自首，依法可以减轻处罚。被告人李某民的交通肇事行为造成被害人王某团死亡，被告人李某民、附带民事诉讼被告单位天民园艺场、人保公司依法应承担相应的赔偿责任。依照《中华人民共和国刑法》第一百三十三条、第六十七条第一款、第三十六条第一款、《中华人民共和国刑事诉讼法》第九十九条第一款、《中华人民共和国侵权责任法》第六条第一款、第十六条、第二十六条、《最高人民法院关于适用〈中华人民共和国刑事诉讼法〉的解释》① 第一百五十五条第一款、第

① 此处指《最高人民法院关于适用〈中华人民共和国刑事诉讼法〉的解释》（法释〔2012〕21号），其已被《最高人民法院关于适用〈中华人民共和国刑事诉讼法〉的解释》（法释〔2021〕1号）废止，本书收录的案例均裁判于《中华人民共和国民法典》生效前，适用的是当时有效的法律法规及司法解释，下文将不再对此进行提示。

二款及《最高人民法院关于审理人身损害赔偿案件适用法律若干问题的解释》第十七条第三款、第二十七条、第二十八条、第二十九条之规定，判决如下：

一、被告人李某民犯交通肇事罪，判处有期徒刑二年四个月；

二、附带民事诉讼被告单位某保险公司厦门市分公司应于本判决生效之日起十日内赔偿附带民事诉讼原告人房某香、王某安经济损失人民币 110000 元；

三、被告人李某民与附带民事诉讼被告单位厦门市海沧区某园艺场应于本判决生效之日起十日内连带赔偿附带民事诉讼原告人房某香、王某安经济损失人民币 668456 元；

四、驳回附带民事诉讼原告人房某香、王某安的其他诉讼请求。

被告人李某民对原审判决结果不服提起上诉。福建省厦门市中级人民法院经审理同意一审法院裁判意见，因在一审宣判后，上诉人李某民家属代为赔偿被害人王某团家属经济损失 668456 元人民币，原审附带民事诉讼原告人房某香、王某安出具谅解书，请求对上诉人李某民从轻处罚。经本院发函，厦门市海沧区司法局出具《审前社会调查评估意见书》，认为李某民符合社区矫正的条件。依照《中华人民共和国刑法》第一百三十三条、第六十七条第一款、第七十二条第一款、第七十三条，《最高人民法院关于审理交通肇事刑事案件具体应用法律若干问题的解释》第二条、第三条及《中华人民共和国刑事诉讼法》第二百二十五条第一款第二项之规定，判决如下：

一、维持厦门市海沧区人民法院（2018）闽 0205 刑初 253 号刑事判决第一项对上诉人李某民的定罪判决部分；

二、撤销厦门市海沧区人民法院（2018）闽 0205 刑初 253 号刑事判决第一项对上诉人李某民的量刑判决部分；

三、上诉人李某民犯交通肇事罪，判处有期徒刑二年四个月，缓刑三年。

【法官后语】

依刑法第一百三十三条及《最高人民法院关于审理交通肇事刑事案件具体应用法律若干问题的解释》，立法者将交通肇事行为分为三个档次并适用不同幅度的刑罚：

一般的交通肇事罪，即：(1) 死亡一人或者重伤三人以上，负事故全部或者主要责任的；(2) 死亡三人以上，负事故同等责任的；(3) 造成公共财产或者他人财产直接损失，负事故全部或者主要责任，无能力赔偿数额在30万元以上的；(4) 交通肇事致一人以上重伤，负事故全部或者主要责任，同时具有①酒后、吸食毒品后驾驶机动车辆的；②无驾驶资格驾驶机动车辆的；③明知是安全装置不全或者安全机件失灵的机动车辆而驾驶的；④明知是无牌证或者已报废的机动车辆而驾驶的；⑤严重超载驾驶的；⑥为逃避法律追究逃离事故现场的，处三年以下有期徒刑。

(1) 交通肇事后逃逸，即行为人的行为已构成前述除第⑥小点外的交通肇事行为，后又逃逸者；(2) 死亡二人以上或者重伤五人以上，负事故全部或者主要责任的；(3) 死亡六人以上，负事故同等责任的；(4) 造成公共财产或者他人财产直接损失，负事故全部或者主要责任，无能力赔偿数额在60万元以上的，处三年以上七年以下有期徒刑。

交通肇事后因逃逸致人死亡的，即行为人在交通肇事后为逃避法律追究而逃跑，致使被害人因得不到救助而死亡的情形，处七年以上有期徒刑。

交通肇事罪属过失犯罪，但行为人有保护现场、抢救伤者、向公安机关报告等义务，为促使行为人尽全力履行这些法定义务，立法者在行为人已构成交通肇事罪的基础上规定了两种加重量刑情节，即交通肇事后逃逸及因逃逸致人死亡，并适用更高幅度的刑罚。

同时，上述交通肇事罪的三种不同模式行为人均存在自首的可能，不管是一般的交通肇事行为，还是交通肇事后逃逸或交通肇事后因逃逸致人死亡的，只要行为人符合自首的认定，就应当分别认定具有自首情节。需要注意的是，对交通肇事后逃逸及因逃逸致人死亡两种情况，因行为人已达到交通肇事的入罪标准，交通肇事后逃逸或因逃逸致人死亡直接关系到裁判者应适用的量刑幅度，因此也属主要犯罪事实，行为人对该部分的陈述情况影响到如实陈述的认定。

《最高人民法院关于处理自首和立功若干具体问题的意见》中规定，交通肇事逃逸后自动投案，如实供述自己罪行的，应认定为自首。但交通肇事逃逸后自首的，由于保护现场、抢救伤者、向公安机关报告是道路交通安全法规定的肇事人的法定义务，而肇事人没有履行义务，虽可以认定为自首，但在决定对其是否从宽、从宽幅度时要适当从严掌握。一般认为，有下列情形之一的，属于交通肇事逃逸后投案自首：(1) 逃逸人主动到交管部门或其他公安部门投案并如实交代犯罪事实的；(2) 逃逸人委托他人或打电话向交管部门或其他公安部门报案，等候处理并如实交代犯罪事实的；(3) 逃逸人途中向交管部门或当地有关部门报案，等待接受处理的。

本案中，公安机关出具的到案经过和被告人李某民的供述等证据可以证实，李某民在接到公安机关的电话通知后立即驾车返回事故现场接受调查，系在尚未受到讯问、未被采取强制措施时主动向公安机关投案，应当认定为自动投案。李某民供述自己罪行的情况。本案中，其一，李某民因交通肇事致一人死亡，负事故主要责任，已经达到构成交通肇事罪的标准，其还具有逃逸情节，系法定的加重量刑情节，逃逸的行为事实对其量刑有重大影响，属于主要犯罪事实。其二，李某民到案后如实供述的行为事实。李某民投案后在侦查阶段有三次接受询问笔录、三次接受讯问笔录，均承认在与被害人近距离会车的过程中有看到被害人驾驶车辆失控侧翻，且本案的痕迹鉴定报告显示李某民所驾驶车辆出现右前雾灯右侧附近减层刮擦痕迹，可以证实李某民车辆与被害人车辆存在轻微的刮擦。李某民所作的其当时车速较慢、未感觉有撞击、以为已成功避让、为避免麻烦才驾车驶离现场的供述，系其在案发当时对自己行为主观认知的辩解，不影响本案交通肇事后逃逸情节的认定，且李某民到案后直至一、二审庭审阶段均未对其逃逸的事实予以否认，也认罪悔罪，应认定为如实供述。另外，经审理查明，李某民到案后对于交通肇事逃逸的事实做了如实供述，其在案发时的逃逸事实行为与其到案后如实供述认定构成自首不存在冲突。

编写人：福建省厦门市海沧区人民法院　牟燕　陈淑芳

36

被抓获归案的犯罪分子主动交代其他司法机关尚未掌握的“同种罪行”，应认定构成自首

——吴甲拒不执行判决案

【案件基本信息】

1. 裁判书字号

福建省晋江市人民法院（2018）闽0582刑初3101号刑事判决书

2. 案由：拒不执行判决罪

【基本案情】

福建省晋江市人民法院于2017年5月19日作出（2016）闽0582民初8321号民事判决书，判决确认吴乙、吴丙、被告人吴甲应于判决生效之日起十五日内偿还黄某某借款4000000元及利息（利息自2014年6月23日起至还清款项之日止按月利率2%计算，如果未按判决指定的期间履行给付金钱义务，应当加倍支付迟延履行期间的债务利息）的义务，该判决已于2017年8月28日发生法律效力。2017年10月24日，黄某某向晋江市人民法院申请对吴丙等人就上述判决确认的义务进行强制执行，晋江市人民法院于同日立案受理，并于同年11月27日通知吴甲履行并申报财产，但吴甲未执行。为逃避执行，吴甲持续使用吴丁名下银行卡隐藏财产，未用于履行上述判决确定的义务。自2018年7月19日起，吴甲因拒不履行法律文书所确定的义务、拒不申报财产被司法拘留。经统计，2017年8月28日至2018年7月19日，吴甲使用吴丁名下银行卡隐藏的财产数额为3616207.86元。

2018年9月11日，福建省晋江市人民法院将被告人吴甲转让房产得款950000元未用于履行上述生效判决的线索移送公安机关，公安机关立案后于同月17日抓获吴甲，吴甲即交代相关事实及其持有使用他人银行卡的事实，后公安机关以吴甲

于2017年5月18日转让房产得款未用于履行生效判决的事实涉嫌犯拒不执行判决、裁定罪移送公诉机关审查起诉。

【案件焦点】

本案被告人吴甲因涉嫌犯拒不执行判决罪而被抓获归案，到案后其主动交代了相关犯罪事实，可否认定为构成自首。

【法院裁判要旨】

福建省晋江市人民法院经审理认为：被告人吴甲对人民法院的生效判决有能力执行而拒不执行，情节特别严重，其行为已构成拒不执行判决罪。公诉机关指控的罪名成立。在案证据不足以证实司法机关所掌握线索针对的拒不执行判决犯罪事实成立，被告人吴甲在此范围外自动交代同种罪行，虽对其行为性质提出辩解，但始终能供述其拒不执行判决的主观故意及客观行为，可视为自首，予以减轻处罚。依照《中华人民共和国刑法》第三百一十三条第一款、第六十七条第一款、第二款之规定，以被告人吴甲犯拒不执行判决罪，判处：有期徒刑二年六个月。

一审宣判后，被告人未提出上诉，公诉机关亦未抗诉，该判决现已发生法律效力。

【法官后语】

《中华人民共和国刑法》第六十七条第一款对一般自首进行了规定，第二款对"准自首"进行了规定。同时，《最高人民法院关于处理自首和立功具体应用法律若干问题的解释》(法释〔1998〕8号）第二条、第四条从正反两方面进一步明确"准自首"的情形，即成立"准自首"须具备供述的罪行尚未被司法机关掌握且与已掌握的属不同种罪行。换言之，在被动到案的情形下，即使交代的是未被掌握的罪行，但如果与司法机关已掌握的系同种罪行，也不能认定为自首。

一、准自首不适用于司法机关掌握线索不成立的情形

虽然上述条文规定了"准自首"的界定标准，但未明确其适用范围，即未明确区分司法机关已掌握的线索成立与不成立之情形。上述关于"准自首"的有关规定应仅限于司法机关已掌握线索成立之情形：

首先，从形式角度来看，立法用语多用平铺直叙的方式，对相反的情况一般单

独明确规定，且法律用语应当适应普通民众的理解习惯，在一般民众难以从已掌握的线索内进一步区分成立与不成立时，将条文规定限于线索成立的情形更符合字面含义与一般理解。

其次，从实质角度来看，自首的本质应是节约司法资源（功利性）和人身危险性削弱（正义性），一般自首可能是在罪行已被掌握甚至在被抓捕、被通缉的过程中，而本案情形却是主动如实交代司法机关尚未掌握的罪行，较之或更能节约司法资源，且因交代的罪行系未被司法机关掌握的罪行，是罪与非罪的选择，其人身危险性的削弱程度较之更弱。

再次，无罪推定原则应当贯穿整个刑事诉讼过程。在无罪推定理念下，犯罪嫌疑人的嫌疑应当是具体的且有依据的嫌疑，即便我国刑事诉讼法规定嫌疑人具有应当如实回答的义务，这样的义务仍应当是有限的，应以已被掌握的同种罪行为限，否则，便没有“准自首”成立的余地。况且，在已掌握的线索不能成立的情形下，犯罪嫌疑人如果没有主动供述的其他同种罪行，司法机关便只能解除强制措施，犯罪嫌疑人的身份也自然消失。从该角度而言，此种情形下交代“同种罪行”，较之于掌握的线索成立而交代不同种罪行的，实质上更值得鼓励，前者可能是罪与非罪的抉择，而后者只是刑罚轻重的选择。

最后，在司法实践中，《最高人民法院、最高人民检察院关于办理职务犯罪案件认定自首、立功等量刑情节若干问题的意见》（法发〔2009〕13号）明确规定：“……司法机关所掌握线索针对的犯罪事实不成立，在此范围外犯罪分子交代同种罪行的以自首论。”该意见是专门针对职务犯罪的指导，但在自首的本质及认定标准上，非职务犯罪与之具有相同性，理应参照处理。

综上，若在案证据不足以证实司法机关所掌握线索针对的犯罪事实成立，被抓获归案的犯罪分子在此范围外自动交代司法机关尚未掌握的“同种罪行”的，符合“自动投案”的主动性和自愿性，应认定构成自首。

二、本案被告人的行为成立自首

福建省晋江市人民法院于2018年9月11日将被告人吴甲转让房产得款950000元未用于履行上述生效判决的线索移送公安机关，经公安机关侦查，被告人吴甲转让房产得款950000元的行为发生于2017年8月28日之前。然而，本案被告人吴甲构成拒不执行判决罪所依据的判决系晋江市人民法院于2017年5月19日作出

(2016) 闽0582民初8321号民事判决书，该判决于2017年8月28日发生法律效力，故晋江市人民法院移送公安机关的犯罪线索不成立。在此种情况下，公安机关并没有掌握被告人吴甲涉及本案的任何犯罪证据，尚未确定吴甲是本案的犯罪嫌疑人，吴甲犯罪嫌疑人的身份自然消失。之后公安机关继续侦查，吴甲交代了本案的全部犯罪事实，体现了其主动将自己交付司法机关，并自愿接受司法机关处理的行为，是罪与非罪的选择，节约了司法资源，其人身危险性亦削弱，符合“自动投案”的成立条件，应认定构成自首。

本案的争议焦点实质上并不在于交代同种罪行能否构成“准自首”，而是法律解释规定的“准自首”标准是否适用于已掌握线索不能成立的情形。无论是从字面的形式理解，还是从无罪推定原则以及自首本质的实质理解，本案情形均应该认定为构成自首。

编写人：福建省晋江市人民法院　曾摩托　苏秋萍

37

被查获后如实供述其他罪行的罪名与司法机关已掌握犯罪的罪名在法律、事实上密切关联的，不以自首论

——林某某强制猥亵、猥亵儿童案

【案件基本信息】

1. 裁判书字号

福建省晋江市人民法院（2018）闽0582刑初416号民事判决书

2. 案由：强制猥亵罪、猥亵儿童罪

【基本案情】

2017年10月，被告人林某某在晋江市陈埭镇坊脚村先后对女性、儿童实施强制猥亵行为，后于同月31日在其家中被抓获。具体事实如下：

一、强制猥亵事实

2017年10月10日18时许，被告人林某某在晋江市陈埭镇坊脚村尤氏宗祠门口，用尖利的树枝威胁过路的被害人曾某某，强行摸曾某某的胸部，并用手指抠曾某某阴道，导致曾某某阴道流血。经法医鉴定，曾某某损伤程度不构成轻微伤。

二、猥亵儿童事实

2017年10月30日18时许，被告人林某某在晋江市陈埭镇坊脚村顺兴路1号门口附近，趁被害人徐某骑自行车路过时，用手摸徐某的胸部，对其进行猥亵。

【案件焦点】

被告人林某某因猥亵儿童被查获后如实供述司法机关尚未掌握的强制猥亵犯罪事实的情节，是否属于自首。

【法院裁判要旨】

福建省晋江市人民法院经审理认为：被告人林某某以刺激或者满足性欲为目的，用性交以外的方式强制猥亵他人，又对不满十四周岁的儿童进行猥亵，其行为分别构成强制猥亵罪、猥亵儿童罪。公诉机关指控罪名成立。辩护人提出被告人林某某猥亵儿童的行为属行政处罚，而非刑事处罚范畴的辩护意见，经查，侦查单位的受案意见仅为侦查倾向，并非定性，林某某碰触女童具有性象征意义的部位，足见其卑劣动机，亦严重侵犯到他人性权利，具有刑罚可责性，故不予采纳。被告人林某某归案后如实供述其罪行，予以从轻处罚。被告人林某某强制猥亵未成年人，根据《最高人民法院、最高人民检察院、公安部、司法部关于依法惩治性侵害未成年人犯罪的意见》精神，此节应当从重处罚。辩护人提出被告人林某某认罪悔罪态度好，建议予以从轻处罚的辩护意见，予以采纳；但其提出林某某在强制猥亵犯罪中具有自首情节，建议予以从轻处罚的辩护意见，经查，本案数罪的受案侦查单位同一，且案发时间相继、案发地点相近、犯罪方式及对象类同，侦查单位是在掌握相关犯罪事实的情况下相继展开侦查并抓获林某某，林某某如实供述的强制猥亵事实并非系司法机关还未掌握的罪行，况且，该罪行与其猥亵儿童罪行在法律、事实上密切关联，亦非系属其他罪行，故不予采纳。被告人林某某在判决宣告以前一人犯数罪，应予数罪并罚。依照《中华人民共和国刑法》第二百三十七条第一款、第三款、第六十七条第三款、第六十九条第一款之规定，判决如下：

被告人林某某犯强制猥亵罪，判处有期徒刑二年；犯猥亵儿童罪，判处有期徒刑一年三个月。数罪并罚，决定执行有期徒刑二年三个月。

一审宣判后，被告人在法定期限内均未提起上诉，公诉机关亦未抗诉，该判决已经发生法律效力。

【法官后语】

强制猥亵罪和猥亵儿童罪虽然罪名不同，也不属于选择性罪名，但两罪在法律和事实上具有密切的关联，实属同种罪行，故被告人林某某因猥亵儿童被查获后如实供述司法机关尚未掌握的强制猥亵犯罪事实不具有自首情节。

一、什么是“同种罪行”

《最高人民法院关于处理自首和立功具体应用法律若干问题的解释》（法释［1998］8号）规定，被采取强制措施的犯罪嫌疑人、被告人和已宣判的罪犯，如实供述司法机关尚未掌握的罪行，与司法机关已掌握的或者判决确定的罪行属不同种罪行的，以自首论。被采取强制措施的犯罪嫌疑人、被告人和已宣判的罪犯，如实供述司法机关尚未掌握的罪行，与司法机关已掌握的或者判决确定的罪行属同种罪行的，可以酌情从轻处罚；如实供述的同种罪行较重的，一般应当从轻处罚。《关于处理自首和立功若干具体问题的意见》（法发［2010］60号）规定，犯罪嫌疑人、被告人在被采取强制措施期间如实供述本人其他罪行，该罪行与司法机关已掌握的罪行属同种罪行还是不同种罪行，一般应以罪名区分。虽然如实供述的其他罪行的罪名与司法机关已掌握犯罪的罪名不同，但如实供述的其他犯罪与司法机关已掌握的犯罪属选择性罪名或者在法律、事实上密切关联，如因受贿被采取强制措施后，又交代因受贿为他人谋取利益行为，构成滥用职权罪的，应认定为同种罪行。即本处“同种罪行”包括三种情况：

（一）相同罪名的罪行

例如，因涉嫌盗窃财物数额巨大而被刑事拘留的行为人，在接受讯问时又如实供述另一笔司法机关尚未掌握的盗窃财物数额较大的罪行，此时两犯罪行为属于同种罪行，如实供述后者犯罪事实不以自首论。

（二）选择性罪名的罪行

所谓选择性罪名，通常是指所包含的犯罪构成的具体内容复杂，反映出多种行为类型，既可概括使用，也可以分解拆开使用的罪名。司法实践中，某些犯罪行为之间或某些犯罪对象之间具有紧密联系，共同出现或选择出现的概率很高。立法上为了刑法条文的简洁和定罪的方便，把它们规定在一个罪名中。例如，走私、贩卖、运输、制造毒品罪，“走私”“贩卖”“运输”“制造”毒品这几个行为之间具有密切联系的关系或者交织在一起，行为人制造毒品往往是为了贩卖，而贩卖的过程中离不开运输或者走私。若因涉嫌贩卖A宗毒品罪而被司法机关采取强制措施的行为人，又主动如实供述司法机关尚未掌握的制造B宗毒品犯罪。两者行为属于同种罪行，不数罪并罚，如实供述后者犯罪事实不以自首论。

（三）法律、事实上密切关联的罪行

认定数种罪行在法律上具有密切关联，一般应根据犯罪构成要件，考察数种罪行在犯罪主体、客体、客观方面的行为、结果、对象要素上是否具有相近性或者包容性。认定数种罪行在事实上具有密切联系，一般应依托司法实践，结合日常经验，考察数种行为在发生的概率、逻辑以及关系上是否具有关联性。可以看出，《意见》关于什么是同种罪行的解释，体现出鲜明的由表及里的逻辑递进性。从根本上而言，数种罪行之间是否在法律、事实上密切关联，是认定数种罪行是否属于同种罪行的本质特点。

二、强制猥亵妇女罪和猥亵儿童罪属于同种罪行

强制猥亵妇女罪和猥亵儿童罪，两者罪名不同，也不属于选择性罪名，但是两罪在法律和事实上具有密切的关联，属于同种罪行。首先，两罪在法律上具有密切的联系，在行为手段上均违背妇女和儿童意志，采用抠摸、搂抱、手淫、鸡奸等淫秽下流手段进行猥亵。猥亵儿童的，现实中也往往伴有一定的暴力或者胁迫等手段。其次，在犯罪主观方面均表现为满足不正常的性欲。最后，两罪在对于被害人的年龄判断上，往往只是一个大致的判断。对于行为人而言，先后对两名女性实施猥亵，其犯罪手段以及犯罪目的并无差别，是两起“相同的事实”。因为被害人的年龄而区分定罪，与其说这是对行为人主观恶性区分判断，倒不如说是法律对被害人利益的特殊保护。

本案中，被告人林某某在同一个地区，多次在路边或者跟随被害人进入住处，采用暴力、胁迫等手段，对妇女、儿童强行抚摸胸部、阴部等部位实施猥亵，犯罪方式类似；在犯罪对象的确定上，系随机选择那些看起来年幼的女性；同时，在实

施强制猥亵妇女和猥亵儿童犯罪行为的时间、地点、对象及手段上具有连贯性和一致性。故被告人林某某所犯强制猥亵妇女罪和猥亵儿童罪，属于在法律、事实上有密切联系的同种罪行。

综上，被告人林某某因猥亵儿童被查获后如实供述司法机关尚未掌握的强制猥亵犯罪事实，属于交代“同种罪行”，不以自首论。

编写人：福建省晋江市人民法院　曾摩托

38

主动报案但不具有投案意愿的不能认定为自首

——耿某某等聚众斗殴案

【案件基本信息】

1. 裁判书字号

黑龙江省齐齐哈尔市中级人民法院（2019）黑02刑终312号刑事裁定书

2. 案由：聚众斗殴罪

【基本案情】

被告人郝某某和高某某因为争夺向钢厂送沙子的业务产生矛盾。2019年4月8日14时许，郝某某、宋某某等人在富拉尔基区建龙北满特钢集团采购部遇见高某某，宋某某和高某某发生口角，高某某随后打电话将此事告知被告人白某某，适逢被告人韩某某和白某某在一起，白某某立即召集被告人耿某某，韩某某召集被告人郑某某，在富拉尔基区向阳大街三齐食杂店门前聚集。郝某某打电话召集被告人张某某等人在建龙集团采购部门前聚集。不久，警察到现场将众人劝散。之后郝某某、张某某等人驾车从建龙北满特钢集团出发途经向阳大街由南向北行驶。白某某、耿某某、韩某某、郑某某等人驾车从三齐食杂店门口出发，沿向阳大街由北向南向建龙北满特钢集团方向驶。15时许，双方在向阳大街某某包子铺附近相遇，耿某某下车与郝某某进行交谈，交谈中发生争吵继而厮打，郝某某持匕首将耿某某头部砸伤，并用匕首将耿某某臀部扎伤，此时韩某某将其随身携带的一把刀递给耿某某，耿某某持该刀追赶郝某某，在追赶过程中被郝某某先后两次用砖头将头部砸伤后倒地昏迷。张某某从其驾驶的摩托车上取出一把长刀欲参与斗殴，被郑某某持韩某某的砍刀追赶后逃跑。

【案件焦点】

被告人耿某某是否构成自首，即其报案的动机是否影响自首的认定。

【法院裁判要旨】

黑龙江省齐齐哈尔市富拉尔基区人民法院经审理认为：关于被告人耿某某和辩护人提出耿某某主动报案系自首的辩护意见，经审理查明，根据法律规定犯罪以后自动投案，如实供述自己的罪行。在共同犯罪案件中，则应供述所知其他同案犯的共同犯罪事实，是自首。耿某某于2019年4月8日接受公安人员询问，但未如实供述自己及同案犯的犯罪事实，不符合自首条件。故辩护人的辩护意见不符合法律规定，不予采纳。

被告人郝某某等人持械相互进行斗殴，严重破坏公共秩序，依法应处三年以下有期徒刑、拘役或者管制。本案系共同犯罪，郝某某、白某某、耿某某系主犯，应当按照全部犯罪行为对其处罚，张某某、韩某某、郑某某系从犯，应依法对其减轻处罚。郝某某、韩某某主动投案并如实供述犯罪事实，系自首，可依法对其减轻处罚。白某某、张某某到案后能够如实供述犯罪事实，系坦白，可依法对其从轻处罚。张某某、白某某、韩某某认罪认罚，可依法从宽处罚。耿某某、郑某某当庭自愿认罪，可酌情从轻处罚。郝某某积极赔偿耿某某各项经济损失且相互谅解，可酌情从轻处罚。白某某、韩某某犯罪情节较轻，有悔罪表现，没有再犯罪的危险，如宣告缓刑对其所居住的社区没有重大不良影响，可以对其宣告缓刑。依据《中华人民共和国刑法》第二百九十二条、第二十五条、第二十六条、第二十七条、第六十七条第一款和第三款、第七十二条之规定，判决如下：

一、被告人耿某某犯聚众斗殴罪，判处有期徒刑三年；

二、被告人白某某犯聚众斗殴罪，判处有期徒刑三年，缓刑三年；

三、被告人郝某某犯聚众斗殴罪，判处有期徒刑一年六个月；

四、被告人郑某某犯聚众斗殴罪，判处有期徒刑一年二个月；

五、被告人张某某犯聚众斗殴罪，判处有期徒刑一年；

六、被告人韩某某犯聚众斗殴罪，判处有期徒刑八个月，缓刑一年。

本案宣判后，被告人耿某某上诉至黑龙江省齐齐哈尔市中级人民法院，经审理，二审法院同意一审法院裁判意见，依法判决：驳回上诉，维持原判。

【法官后语】

自首是我国刑法设置的激励犯罪分子改过自新，并体现宽严相济处罚原则的一项重要制度。其目的在于促使犯罪分子通过交代自己或他人的罪行而便于司法机关侦破刑事案件，及时打击和预防犯罪，自首是司法机关在定罪量刑时必须考虑的法定量刑情节。

一、主观目的不同

《中华人民共和国刑法》第六十七条规定："犯罪以后自动投案，如实供述自己的罪行的，是自首……"从以上法律规定可以看出，自首的成立条件有二：一是自动投案；二是如实供述自己的罪行。根据《关于处理自首和立功若干具体问题的意见》的规定，所谓"自动投案"，一般是指犯罪嫌疑人在犯罪后、归案前，出于本人意志而向公安机关、人民检察院、人民法院及其他有关单位和人员承认自己实施了犯罪，并自愿置于上述单位和人员的控制之下，等待法律制裁的行为。其中，出于本人意志和自愿置于有关机关、组织、个人控制之下等待处理是"自动投案"的关键。"如实供述自己的罪行"是指犯罪嫌疑人自动投案后，如实交代自己的主要犯罪事实。

本案中耿某某虽案发后报警，但其报警内容为自己被人持刀扎伤，公安机关当日对其询问时，其仅陈述了被人持刀扎伤的过程，未陈述其参与犯罪的事实。由此可见，其报案最初目的是其人身权益受到了他人的侵犯，寻求保护，不同于主观上认识到自己实施了侵犯他人权益的行为，并自愿至司法机关接受处理的自首行为。耿某某未认识到自身行为的违法性，直至公安机关已经掌握其犯罪过程中情况下对其进行传唤讯问时，其才主动交代了与他人相互斗殴的过程，可见其报警的目的并非欲将自己置于司法机关的控制之下，不符合自动投案的成立条件。

二、身份认识不同。

根据《高人民法院关于被告人对行为性质的辩解是否影响自首成立问题的批

复》，根据刑法第六十七条第一款和《最高人民法院关于处理自首和立功具体应用法律若干问题的解释》第一条的规定，犯罪以后自动投案，如实供述自己的罪行的，是自首。被告人对行为性质的辩解不影响自首的成立。对自身行为的辩解，应当是在法律认定上的辩解，包括是否构成刑事犯罪、此罪与彼罪、罪轻罪重等方面，而不是将伤害行为认识为受害行为。因此自己是伤害者还是受害者的不同认识，并不是对行为性质的辩解。

本案中，耿某某在报案时，称其是被害人，其对自身的犯罪行为予以否定，没有自动投案的主观意愿，在公安机关已经掌握其犯罪过程的情况下对其进行传唤讯问时，其才主动交代了与他人相互斗殴的过程，故本案中不应认定为自首。

编写人：黑龙江省齐齐哈尔市富拉尔基区人民法院　郑贺仁

39

对被告人自愿认罪情节的考量

——胡某等人贩卖毒品案

【案件基本信息】

1. 裁判书字号

湖北省宜昌市中级人民法院（2019）鄂05刑终380号刑事判决书

2. 案由：贩卖毒品罪

【基本案情】

2018年11月，被告人胡某联系被告人严某，让其在宜昌联系海洛因买家，交易成功分严某1万元至2万元。2018年11月底的一天，严某经王某（另案处理）介绍认识被告人陈某生。陈某生让严某介绍购买海洛因渠道，严某随即联系胡某。次日中午，胡某驾车从荆州赶到王某女友家中与陈某生见面。在东环路自己人餐馆内吃午饭时，陈某生表示只要胡某保证毒品质量，其他方面不是问题，胡某表示质量绝对保证并开价11万元。

2018 年 12 月 2 日，胡某携带一板包装完好的海洛因，驾驶轿车从荆州出发，当日下午 5 时许，严某接到胡某后入住酒店。2018 年 12 月 3 日凌晨，陈某生验货后，认为质量不好拒绝购买，并携带少量海洛因离开。为尽快将海洛因出手，胡某同意降价并催促严某联系陈某生购买或再找买家。当晚 20 时许，严某驾驶鄂 DV×××海马牌轿车载着胡某、陈某生，携带海洛因贩卖。在高速收费站，严某因无证驾驶被民警查获。为防止车上的海洛因被查获，胡某指使坐在后排的陈某生将海洛因转移并藏匿。陈某生趁民警处理交通违法间隙，将海洛因藏在身上谎称上厕所，绕到路边隔离护栏外的变电箱后，将海洛因藏匿到树丛里，事后告知胡某。当晚 23 时许，三人因吸食毒品被移交派出所审查。2018 年 12 月 4 日 8 时许，陈某生藏匿的海洛因被民警在变电箱后面的草丛中查获。经称量，查获的海洛因净重 347.19 克，后经鉴定，检出 61.98% 的海洛因含量。

【案件焦点】

认罪认罚情节是否是法定从宽量刑情节，对具有认罪认罚情节的被告人是否应当从轻处罚。

【法院裁判要旨】

湖北省宜昌市点军区人民法院审理认为：被告人胡某、陈某生、严某明知是毒品而予以贩卖，贩卖毒品海洛因重量 347.19g，其行为已构成贩卖毒品罪，应予依法惩处。公诉机关指控罪名成立。胡某、陈某生、严某系共同故意犯罪，胡某在共同犯罪中起主要作用，是主犯，陈某生、严某在共同犯罪中起次要作用，是从犯，应当从轻处罚。胡某、严某、陈某生已经着手实行犯罪，由于意志以外的原因而未得逞，系犯罪未遂，可以比照既遂犯从轻或减轻处罚。胡某、严某、陈某生到案后能如实供述自己的罪行，愿意接受处罚，对其可以从轻处罚。胡某曾因犯罪被判处有期徒刑以上刑罚，刑罚执行完毕五年内再犯应当判处有期徒刑以上刑罚之罪，系累犯，胡某因犯运输毒品罪被判过刑，又犯贩卖毒品罪，应从重处罚。胡某被判处无期徒刑后，因减刑实际执行刑期为十二年七个月十七天，附加剥夺政治权利五年，于 2017 年 1 月 26 日刑满释放，其主刑已执行完毕，在执行附加刑剥夺政治权利期间又犯新罪，应当对新犯的罪作出判决，把前罪没有执行完毕的附加剥夺政治权利的刑罚和后罪所判处的刑罚数罪并罚。

湖北省宜昌市点军区人民法院依照《中华人民共和国刑法》第三百四十七条第一款、第二款第一项、第二十三条、第二十五条第一款、第二十六条第一款、第二十七条、第六十四条、第六十五条第一款、第六十七条第三款、第六十九条第三款、第七十一条、第三百五十六条之规定，作出如下判决：

一、被告人胡某犯贩卖毒品罪，判处有期徒刑十四年，并处罚金人民币3万元，与前罪没有执行的附加剥夺政治权利四年零五十三天并罚，决定执行有期徒刑十四年，并处罚金3万元，附加剥夺政治权利四年零五十三天；

二、被告人陈某生犯贩卖毒品罪，判处有期徒刑十年，并处罚金人民币2万元；

三、被告人严某犯贩卖毒品罪，判处有期徒刑九年，并处罚金人民币1万元；公安机关在侦查期间扣押涉案鄂DV××××海马牌汽车一辆，予以没收。

湖北省宜昌市点军区人民法院判决后，公诉机关认为被告人胡某、陈某生、严某表示认罪认罚，自愿签署了《认罪认罚具结书》，从而对案件事实的最终认定起到了关键作用，公诉机关所提量刑建议没有刑事诉讼法第二百零一条规定的除外情形，但一审判决未采纳量刑建议，对被告人量刑没有体现从宽，实属量刑不当，据此提出抗诉。被告人胡某、严某认为本案系犯罪未遂，已坦白交代罪行，自愿认罪认罚，公诉机关提出的量刑建议合理适当，应当采纳，亦以一审量刑过重为由提出上诉，请求二审依法改判。

湖北省宜昌市中级人民法院肯定了一审判决的观点，并进一步阐明，被告人胡某等贩卖毒品数量大，从案件的级别管辖而言，检察院将本案向基层人民法院起诉，已从诉讼程序实现了对被告人从宽处理。在一审诉讼中法院认为检察院所提量刑建议明显不当，发函商请检察院予以调整，但检察院复函不调整量刑建议，故一审法院依照三个被告人的罪行依法所判刑罚适当，宽严适度，体现了认罪从宽处理。

湖北省宜昌市中级人民法院依照《中华人民共和国刑法》第三百四十七条第一款、第二款第一项，第二十三条，第二十五条第一款，第二十六条第一款，第二十七条，第六十四条，第六十五条第一款，第六十七条第三款，第六十九条第三款，第七十一条、第三百五十六条，《中华人民共和国刑事诉讼法》第十五条、第二百零一条，第二百三十六条第一款第一项之规定，裁定如下：

驳回抗诉，维持原判。

【法官后语】

所谓被告人自愿认罪从宽处罚，它的价值主要体现在刑事司法活动中，其在一定程度上提升了司法效率，节约了司法资源，并在刑事诉讼法中有较多体现。就量刑考量来看，自愿认罪并不是刑法明文规定的量刑情节，我国刑法第十条、第二十条、第二十一条、第二十二条、第二十三条、第二十四条、第二十七条、第二十八条、第二十九条、第三十七条、第六十七条、第六十八条，分别明文规定了没有犯罪年龄、罪犯身体状况以及具体罪行等其他限制条件的从宽量刑情节，包括在外国犯罪已受过刑事处罚、防卫过当、避险过当、预备、未遂、中止、从犯、胁从犯、被教唆的人没有犯被教唆的罪的教唆犯、犯罪情节情节轻微、自首、坦白、立功等，由此可见，自愿认罪并非法定的从宽量刑情节。

对被告人是否能够从宽处罚，不仅要考虑其是否具有从轻从宽量刑的情节，还要综合考虑其他情节以及裁判结果的社会风险等因素，是否对具有自愿认罪情节的被告人从宽处罚，当属法官的自由裁量权。有部分学术意见认为自愿认罪是事实上的辩诉交易制度，该制度是美国为了缓解案件数量迅速增加和司法资源有限性的矛盾，而确立起来的一项诉讼制度，它是美国司法实践迫不得已的选择；也有学者指出，盲目照搬辩诉交易制度会使公诉机关的起诉裁量权失去必要的制约，也在一定程度上增加了刑讯逼供的风险，这不利于保护被告人自行辩护的合法权益，更与中国特色社会主义法治思想的价值追求背道而驰。因而我国自始至终都未从法律上规定辩诉交易制度。从我国的司法实践来看，自愿认罪只应当是一种道德感召，即使具有自愿认罪的情节，也并不意味着一定能得到从宽处罚，即便被告人的自愿认罪情节应当在量刑时予以考量，也属于法官的自由裁量权。

当然，对于具有认罪认罚情节的被告进行从宽处罚，这一考量在我国刑事诉讼程序中有充分体现，如刑事诉讼法第五十五条规定，“只有被告人供述，没有其他证据的，不能认定被告人有罪和处以刑罚”，再如刑事诉讼法第二百一十四条规定，“被告人承认自己所犯罪行，对指控的犯罪事实没有异议的”，可以适用简易程序审判。由此可见，本案二审认为从案件的级别管辖而言，检察院将本案向基层人民法院起诉，已从诉讼程序实现了对被告人从宽处理，这一意见是合理的，符合刑事诉讼法肯定自愿认罪从宽处罚的价值取向。

同时，还应当注意的是，自愿认罪应当是被告人出于内心的真实意思自愿认罪，而不应当具有借以换取从宽量刑结果的目的。

编写人：湖北省宜昌市点军区人民法院 鲍彦琦

40

提供司法机关尚未掌握的上游犯罪案件犯罪嫌疑人的手机号码，公安机关据此将上游犯罪案件犯罪嫌疑人抓获的构成立功

——冯某、柴某梅盗窃，孟某才掩饰、隐瞒犯罪所得案

【案件基本信息】

1. 裁判书字号

河南省焦作市中级人民法院（2019）豫08刑终103号刑事判决书

2. 案由：盗窃罪，掩饰、隐瞒犯罪所得罪

【基本案情】

孟某才在收购冯某、柴某梅盗窃的电动车电瓶时，被公安机关当场抓获，冯某、柴某梅逃跑。到案后，孟某才如实供述了收购冯某、柴某梅、李某生（已判刑）所窃电动车电瓶的犯罪事实，并提供了公安机关未掌握的盗窃案件犯罪嫌疑人冯某的手机号码，公安机关据此将盗窃案件犯罪嫌疑人冯某、柴某梅抓获，并破获冯某、柴某梅盗窃案。

【案件焦点】

掩饰隐瞒犯罪所得案件犯罪嫌疑人被抓获后，提供司法机关尚未掌握的上游犯罪案件犯罪嫌疑人的手机号码，公安机关据此将上游犯罪案件犯罪嫌疑人抓获的，是否属于“提供司法机关尚未掌握的其他案件犯罪嫌疑人的联络方式，使司法机关

抓获其他犯罪嫌疑人”“协助司法机关抓捕其他犯罪嫌疑人”情形，构成立功。

【法院裁判要旨】

河南省焦作市解放区人民法院经审理认为：被告人冯某、柴某梅以非法占有为目的，采用秘密手段窃取他人财物，数额较大，其行为均已构成盗窃罪；被告人孟某才明知涉案被盗电动车电瓶系犯罪所得而予以收购，共计十四次，情节严重，其行为已构成掩饰、隐瞒犯罪所得罪。判决：一、被告人冯某犯盗窃罪，判处有期徒刑十个月，并处罚金1500元；二、被告人柴某梅犯盗窃罪，判处有期徒刑七个月，并处罚金1500元；三、被告人孟某才犯掩饰、隐瞒犯罪所得罪，判处有期徒刑三年，并处罚金3000元；四、责令被告人冯某、柴某梅退赔被害人高某连951元、刘某娜271元、邱某军390元、范某群570元、杜某508元、岐某玲280元；五、未随案移送的助力车一辆、改锥一个、扳手二个、钳子一个、剪刀一把、手机一部，由扣押机关依法处理。

原审被告人孟某才以其构成自首、立功、一审量刑过重为由提出上诉。河南省焦作市中级人民法院经审理认为：上诉人孟某才因涉嫌掩饰、隐瞒犯罪所得被抓获后，即向公安机关提供了盗窃犯罪嫌疑人冯某的姓名及手机号，公安机关据此将冯某、柴某梅抓获，上诉人孟某才具有“协助司法机关抓捕其他犯罪嫌疑人”的立功表现，依法可从轻处罚；上诉人孟某才积极履行罚金刑罚，并主动退缴全部涉案款项，真诚认罪、悔罪，可酌情从轻处罚。关于上诉人孟某才上诉及其辩护人辩称孟某才系自首的理由，经查，上诉人孟某才系在收购原审被告人冯某、柴某梅所窃电瓶时被公安机关当场抓获，其犯罪事实已被公安机关所掌握，自首理由不能成立；原判认定事实和适用法律正确，审判程序合法，但对上诉人孟某才量刑不当。判决：一、维持河南省焦作市解放区人民法院（2018）豫0802刑初236号刑事判决的第一项、第二项、第四项、第五项；二、撤销河南省焦作市解放区人民法院（2018）豫0802刑初236号刑事判决的第三项；三、上诉人孟某才犯掩饰、隐瞒犯罪所得罪，判处有期徒刑三年，缓刑五年，并处罚金人民币3000元。

【法官后语】

本案的争议焦点在于孟某才的行为是否构成立功。对此，一种观点认为，犯罪嫌疑人提供其在本人实施犯罪行为过程中公安机关尚未掌握的与本人犯罪行为有关的其他犯罪嫌疑人的手机号码，属于如实供述的范畴，公安机关据此将该犯罪嫌疑人抓获的，不属于协助司法机关抓获其他犯罪嫌疑人的情形，不构成立功。因此，孟某才在供述掩饰隐瞒犯罪所得犯罪事实时，应一并供述向其出售所窃电瓶的盗窃案件犯罪嫌疑人冯某的情况，即使公安机关根据其提供的联络方式将冯某抓获，也不应认定为有立功表现。另一种观点认为，犯罪嫌疑人提供其在本人实施犯罪行为过程中公安机关尚未掌握的与本人犯罪行为有关的非同案其他犯罪嫌疑人的手机号码，公安机关据此将该犯罪嫌疑人抓获的，属于"提供司法机关尚未掌握的其他案件犯罪嫌疑人的联络方式、藏匿地址，使司法机关抓获其他犯罪嫌疑人"的情形，应认定为《最高人民法院关于处理自首和立功具体应用法律若干问题的解释》第五条规定的"协助抓捕其他犯罪嫌疑人"的情形，构成立功。

笔者同意第二种观点，实质上，本案所涉及的是应如何理解"其他案件犯罪嫌疑人的联络方式"。具体而言，包括其他案件犯罪嫌疑人与其他犯罪嫌疑人的关系，其他案件犯罪嫌疑人的联络方式与本人犯罪行为的关系以及协助抓捕的具体方式对协助抓捕型立功认定的影响。

一、"其他案件犯罪嫌疑人"包含与本人犯罪行为有关的非同案犯罪嫌疑人

有观点认为，《关于处理自首和立功若干具体问题的意见》第五条中"其他案件犯罪嫌疑人"应理解为与本人犯罪行为无关的犯罪嫌疑人，不包括同案犯、对合犯、连累犯等与本人犯罪行为有关的犯罪嫌疑人。

笔者认为，这是割裂理解《关于处理自首和立功若干具体问题的意见》第五条的结果。"其他案件犯罪嫌疑人"是对其他犯罪嫌疑人的具体划分，不能简单地理解为对犯罪嫌疑人进行的以区别于犯罪嫌疑人本人的细分。应在正确理解"其他犯罪嫌疑人"的基础上准确理解"其他案件犯罪嫌疑人"的含义，即"其他案件犯罪嫌疑人"是坚持"其他犯罪嫌疑人"与犯罪嫌疑人本人是否同案的标准对"其他犯罪嫌疑人"进行的划分，指同案犯以外的其他犯罪嫌疑人。

首先，根据《最高人民法院关于处理自首和立功具体应用法律若干问题的解释》第五条"协助司法机关抓捕其他犯罪嫌疑人（包括同案犯）"，"其他犯罪嫌疑人"应该理解为犯罪嫌疑人本人以外的包含同案犯等与本人犯罪行为有关的犯罪嫌疑人在内的犯罪嫌疑人。根据"其他犯罪嫌疑人"与犯罪嫌疑人本人犯罪行为的关系，"其他犯罪嫌疑人"可分为与本人犯罪行为有关的犯罪嫌疑人和与本人犯罪行

为无关的犯罪嫌疑人。与本人犯罪行为有关的犯罪嫌疑人具体又可分为与同案犯和对合犯、连累犯等除同案犯外的与本人犯罪行为有关的犯罪嫌疑人。

其次，根据“其他犯罪嫌疑人”与犯罪嫌疑人本人是否同案，“其他犯罪嫌疑人”可划分为同案犯罪嫌疑人（同案犯）和不同案件犯罪嫌疑人（其他案件犯罪嫌疑人）。由于“同案犯”有其特殊固定的含义，指共同犯罪行为中本人以外的其他犯罪嫌疑人，且无法将同案犯扩大解释为“与本人犯罪行为有关的犯罪嫌疑人”，囊括连累犯等其他与本人犯罪行为有关的犯罪嫌疑人。因此，其他案件犯罪嫌疑人不一定是与本人犯罪行为无关的犯罪嫌疑人，无法将其他案件犯罪嫌疑人解释为与犯罪行为无关的犯罪嫌疑人。

最后，“犯罪嫌疑人B是否与犯罪嫌疑人A同案”，与“犯罪嫌疑人B是否与犯罪嫌疑人A的犯罪行为有关”是不同的判断，将“其他案件犯罪嫌疑人”理解为与本人犯罪行为无关的犯罪嫌疑人，不包括同案犯、对合犯、连累犯等与本人犯罪行为有关的犯罪嫌疑人，只是从他人犯罪行为与本人犯罪行为的关系的角度，孤立地对本人与其他案件犯罪嫌疑人进行区分，忽略了其他案件犯罪嫌疑人与其他犯罪嫌疑人的联系与区别，混同了“同案”“与犯罪行为有关”等概念。而在考虑其他案件犯罪嫌疑人与其他犯罪嫌疑人的联系与区别的基础上去理解其他案件犯罪嫌疑人，则其他案件犯罪嫌疑人指的是除同案犯外的其他犯罪嫌疑人。

本案中，孟某才收购冯某盗窃的电动车电瓶，冯某与孟某才的犯罪行为密切相关，但冯某与孟某才非属同案犯，相对于孟某才而言，冯某属于其他案件犯罪嫌疑人，因此，在暂不考虑联络方式与孟某才实施的掩饰隐瞒犯罪所得犯罪行为的关系（是否属于如实供述范围）对认定协助抓捕型立功的影响的情况下，即单纯就冯某属于其他案件犯罪嫌疑人方面而言，孟某才的行为属于“提供其他案件犯罪嫌疑人的联络方式，使司法机关抓获其他犯罪嫌疑人”的情形，构成立功。

二、犯罪嫌疑人对其在实施犯罪行为过程中掌握的与本人犯罪行为相关、属于如实供述范围的信息的运用，并不必然妨碍立功的认定

有观点认为，掩饰隐瞒犯罪所得犯罪嫌疑人提供其在实施犯罪行为过程中得到的公安机关未掌握的上游盗窃犯罪嫌疑人的手机号码，属于如实供述的范畴，公安机关据此抓获上游盗窃犯罪嫌疑人的，不属于协助公安机关抓获其他犯罪嫌疑人的情形，不构成立功。

笔者认为，《关于处理自首和立功若干具体问题的意见》第五条规定的几种协助抓捕型立功情形，尤其是协助抓捕同案犯型立功情形表明，对犯罪嫌疑人在实施犯罪行为过程中掌握的与本人犯罪行为相关、属于如实供述范围的有关其他犯罪嫌疑人的信息的运用，得以侦破案件的，并不妨碍立功的认定。例如，“按照司法机关的安排，以打电话、发信息等方式将其他犯罪嫌疑人（包括同案犯）约至指定地点的”并不必然排除犯罪嫌疑人提供其在犯罪过程中掌握的同案犯使用的联系方式后，再按照司法机关的安排，以打电话、发信息等方式将同案犯约至指定地点”的情形；“按照司法机关的安排，当场指认、辨认其他犯罪嫌疑人（包括同案犯）的”并不必然排除犯罪嫌疑人根据在共同犯罪过程中所获得的同案犯的相貌等身体特征，按照司法机关的安排，当场指认、辨认同案犯的情形；“带领侦查人员抓获其他犯罪嫌疑人（包括同案犯）的”并不必然排除犯罪嫌疑人提供其在实施犯罪过程中掌握的同案犯的藏匿地点、活动轨迹等信息后，带领侦查人员抓获同案犯的情形。这些并不能必然排除的情形是犯罪嫌疑人对其在犯罪过程中所获取的关于同案犯的某种信息的一定方式的运用或某种方式的提供，可见，在暂不考虑协助抓捕的形式或对信息的具体运用方式对认定协助抓捕型立功是否具有决定性作用，或协助抓捕的形式是否认定协助抓捕型立功的实质标准的情况下，犯罪嫌疑人运用属于如实供述范围的信息，得以侦破案件的并不必然排除立功的成立，提供如实供述范围的信息，得以抓获其他犯罪嫌疑人、侦破案件的仍然可能构成立功。

本案中，掩饰隐瞒犯罪所得犯罪嫌疑人孟某才提供其在犯罪中掌握的上游盗窃犯罪嫌疑人冯某与其联系使用的手机号码，并不属于其如实供述的范围，应认定其具有立功表现。即便属于如实供述的范围，但由于协助抓捕型立功并不必然排除对属于如实供述范围信息的运用，因此，单就孟某才提供与其犯罪行为有关的其他案件犯罪嫌疑人的手机号码而言，并不能必然认定其不具有立功表现。

三、协助抓捕的方式不是认定协助抓捕型立功的实质标准，并不能消除如实供述范围属性对认定协助抓捕型立功认定的限制

有观点认为，协助抓捕型立功，对协助方式有特殊要求，只有犯罪嫌疑人的协助行为符合特殊要求，才能认定犯罪嫌疑人的协助行为成立立功。即便是根据属于其如实供述范围的信息所实施的协助行为，只要犯罪嫌疑人的协助行为符合特殊要求，也应认定成立立功。

笔者认为，协助抓捕的形式或对信息的具体运用方式对认定协助抓捕型立功不具有决定性作用，不是认定协助抓捕型立功的实质标准。立功主体是犯罪嫌疑人，但立功主体往往不能决定协助抓捕的方式，不具有协助方式选择权，若以协助抓捕的方式作为认定协助抓捕型立功的实质标准，则会造成立功主体的二元化，一方面需要犯罪嫌疑人利用其在实施犯罪行为过程中所获得的利于侦破案件的信息，另一方面司法机关需要并允许犯罪嫌疑人以某种方式运用其在实施犯罪行为过程中所获得的利于侦破案件的信息，实施帮助行为。然而，司法机关侦破案件对犯罪嫌疑人协助行为的需求性不是认定协助抓捕型立功的必要条件，即便是必要条件，也不能表明协助的方式是协助抓捕型立功的实质标准，相反更加明确地表明了协助抓捕型立功的实质所在，即认定犯罪嫌疑人是否构成协助抓捕型立功，关键在于犯罪嫌疑人的行为，在公安机关抓捕其他犯罪嫌疑人过程中是否起到了实际作用。可见，协助抓捕型立功的实质标准不在于协助抓捕的方式，其实质标准在于犯罪嫌疑人在公安机关抓捕其他犯罪嫌疑人中是否起到了实际作用，有效节约了司法资源。

本案中，孟某才到案后即向公安机关提供了冯某的手机号码，公安机关是否需要孟某才进一步提供某种方式的协助，如何进一步提供帮助并非孟某才能够决定或选择，若以公安机关侦破案件对犯罪嫌疑人进一步提供某种方式的协助行为的需求和允许作为认定立功的必要条件，在某种程度上而言，对孟某才是否具有立功表现的认定将演变成公安机关侦破案件对孟某才实施特殊协助行为的需求的必要性判断，孟某才在抓捕其他犯罪嫌疑人过程中的实际作用将被公安机关的侦破案件的需求代替，导致立功主体的混淆，立功认定的主观化倾向，增强立功认定的随意性和不确定性。因此，不能因为孟某才在提供了其他案件犯罪嫌疑人冯某的手机号码后没有进一步实施某种特殊协助行为而否定其在抓捕冯某中的实际作用，应认定孟某才提供手机号码的行为对抓捕冯某起到了实际作用，在对协助抓获其他案件犯罪嫌疑人有实际作用的意义上具有立功表现。

总而言之，孟某才向公安机关提供了其他案件犯罪嫌疑人冯某的手机号码，在公安机关抓获其他案件犯罪嫌疑人冯某和柴某梅的过程中，起到了实际作用，尽管该手机号码与孟某才的犯罪行为密切相关，但不属于孟某才如实供述的范围，即便属于如实供述范围，由于对属于如实供述范围信息的具体运用方式，或具体的协助抓捕方式并不能消除如实供述对立功认定的限制作用，并不是协助抓捕型立功的实质标准，故协助抓捕型立功并不排斥对属于如实供述范围的信息的运用，该手机号码是否属于如实供述范围并不影响协助抓捕型立功的认定。因此，应认定孟某才具有立功表现。

编写人：河南省焦作市中级人民法院　张国胜　李小源

（三）假释

41

假释案件罪犯是否履行财产性判项应以生效裁判文书判决主文为依据

——陈某平假释案

【案件基本信息】

1. 裁判书字号

江苏省无锡市中级人民法院（2019）苏02刑更监1号刑事裁定书

2. 案由：假释

【基本案情】

江苏省高淳县人民法院于2013年3月20日作出（2012）高刑二初字第95号刑事判决，认定被告人陈某平犯盗窃罪，判处有期徒刑十年三个月，并处罚金人民币30000元，刑期自2012年7月3日起至2022年10月2日止。2013年4月3日交付镇江监狱执行，2013年5月10日调至江苏省无锡监狱改造。判决执行后罪犯陈某平所处罚金人民币30000元已履行，并有2018年3月30日南京市高淳区法院出具的收据。

该犯在服刑期间，因确有悔改表现，江苏省无锡市中级人民法院于2015年3

月31日裁定减去有期徒刑十个月；又于2016年9月28日裁定减去有期徒刑十个月，减刑后的刑期至2021年2月2日。

罪犯陈某平在服刑期间能认罪悔罪；认真遵守法律法规及监规，接受教育改造；积极参加思想、文化、职业技术教育；积极参加劳动。2017年1月、2017年6月、2017年12月、2018年6月、2018年12月、2019年6月各获监狱表扬一次，累计获监狱表扬六次，确有悔改表现。

执行机关江苏省无锡监狱认为，罪犯陈某平在服刑期间，确有悔改表现，假释后没有再犯罪的危险，符合法定假释条件，建议人民法院对其予以假释。

社区矫正机构江西省宜春市司法局出具调查评估意见：陈某平具备社区矫正环境条件。

江苏省无锡市中级人民法院原假释裁定（2019）苏02刑更2635号裁定：对罪犯陈某平予以假释（假释考验期自假释之日起至2021年2月2日止）。

江苏省无锡市人民检察院认为：罪犯陈某平盗窃作案，且系流窜盗窃，多次入户盗窃，案发后未退赃退赔，有从重处罚的情节。无锡监狱虽对其再犯罪可能性评估为"低度"，但结合其多次入户盗窃等事实可知，罪犯陈某平主观恶性深，人身危险性大，认定其"没有再犯罪的危险"依据不足。

另外，江苏省高淳县人民法院（2012）高刑二初字第95号刑事判决书虽未在主文中明确要求对罪犯陈某平违法所得予以追缴或者责令其退赔，但该判决也在"本院认为"部分同时认定罪犯陈某平和其他同案犯案发后均未能退赃退赔。罪犯陈某平有退赃退赔的义务，应视作生效判决中有该财产性判项，不履行退赃退赔这一判项的，应当参照《最高人民法院关于办理减刑、假释案件具体应用法律的规定》第二十七条规定，不应予以假释。为此，根据《中华人民共和国刑事诉讼法》第二百七十四条之规定，特提出纠正意见。

【案件焦点】

1. 罪犯陈某平是否符合假释条件；2. 检察机关提出的不当假释意见是否应予采纳。

【法院裁判要旨】

江苏省无锡市中级人民法院最终裁定认为：根据《中华人民共和国刑事诉讼

法》第二百五十四条的规定，“确有错误”是启动审判监督程序的条件，参照第二百五十三条列举的法院应当重新审判的几种情形，减刑、假释裁定“确有错误”应当是指“影响减刑、假释公正处理的事实认定错误、法律适用错误和重大程序违法”以及“刑罚执行机关和有关司法人员在办理减刑、假释案件中有徇私舞弊行为”。

首先，原裁定对罪犯陈某平在狱中认真接受监规、接受教育改造、确有悔改表现的事实认定并无错误。该事实由执行机关提交的罪犯悔罪书、罪犯奖惩审批表、罪犯评审鉴定表及罪犯改造的日常考核资料、收据等证据证实。在原合议庭对陈某平假释一案开庭审理中，检察机关对陈某平遵守监规、认罪伏法这一事实并无异议。

其次，原裁定关于陈某平履行财产性判项的认定以及关于陈某平“没有再犯罪的危险”的酌定符合法律规定。

1. 财产性判项应以生效裁判文书判决主文为依据。根据《最高人民法院关于适用〈中华人民共和国刑事诉讼法〉的解释》第四百五十一条“罪犯积极履行判决确定的义务的，可以认定有悔改表现，在减刑、假释时从宽掌握”以及《最高人民法院关于办理减刑、假释案件具体应用法律的规定》第二十七条“对于生效裁判中有财产性判项，罪犯确有履行能力而不履行或者不全部履行的，不予假释”的规定，人民法院在办理假释案件时对财产性判项的审查应以生效刑事裁判文书主文确定内容为限，不能作扩大认定。本案所涉刑事判决主文并未判决陈某平退赃退赔，因此检察机关关于“虽然生效的刑事判决书中未有退赃退赔的判项，但并不能免除罪犯陈某平退赃退赔的法定义务。罪犯陈某平有退赃退赔的义务，应视作生效判决中有该财产性判项”的意见，缺乏法律依据，不能采纳。

2. “没有再犯罪的危险”是再犯可能性判断，法院依法对各种因素进行全面审查、综合判断，而不能仅局限于考量犯罪情节。根据《最高人民法院关于办理减刑、假释案件具体应用法律的规定》第二十二条的规定，办理假释案件，认定“没有再犯罪的危险”，除符合刑法第八十一条规定的情形外，还应当根据犯罪的具体情节、原判刑罚情况，在刑罚执行中的一贯表现，犯罪的年龄、身体状况、性格特征，假释后的生活来源以及监管条件等因素综合考虑。

据此，在考虑再犯可能性时，不能仅考虑改造前的犯罪情节，还要考虑改造期间的表现、矫正机构的意见、家庭情况等，法院有理由相信罪犯没有再犯罪危险的，依法作出假释裁定。本案中，罪犯陈某平虽系流窜作案、多次入户盗窃，但陈某平入狱后一贯表现良好，于2016年减刑后获得六次监狱表扬，也履行了刑事生效判决中的财产性判项，无锡监狱评估其再犯罪可能性的结论意见为“再犯可能性为低度”，且其原住所地宜春市公安局袁州分局飞剑潭派出所、宜春市袁州区辽市镇寒岭村村民委员会、宜春市袁州区司法局、宜春市袁州区辽市司法所均同意对其实施社区矫正，其妻黄某梅也为其假释期间遵纪守法提供了担保，且已执行原判刑期二分之一以上，因此，综合考虑上述各因素，陈某平符合假释条件。

3. 本案也不属于排除假释的法定情形。首先，本案不属于《中华人民共和国刑法》第八十一条第二款，《最高人民法院关于办理减刑、假释案件具体应用法律的规定》第二十五条、二十七条不予假释的情形。

其次，本案审理程序合法，司法人员也无其他不法行为。陈某平假释建议书依法进行了公示，因检察机关对假释一案提出异议，原合议庭依法进行了开庭审理，刑罚执行机关、罪犯陈某平本人、检察机关到庭核对证据、事实并发表意见，程序合法，也无任何不当行为。

最后，针对检察机关在纠正意见书中提到的不公平问题，本院认为对罪犯是否予以假释实行的是个案考量，而每个罪犯的情况均有其个体特点，只要依法裁量，就不存在不公平的问题。

综上，江苏省无锡市中级人民法院根据《中华人民共和国刑法》第七十九条、第八十一条、第八十二条，《中华人民共和国刑事诉讼法》第二百五十四条、第二百七十四条，《最高人民法院关于适用〈中华人民共和国刑事诉讼法〉的解释》第四百五十一条、第四百五十四条以及《最高人民法院关于办理减刑、假释案件具体应用法律的规定》第二十二条、第二十七条之规定，裁定：维持本院2019年10月9日作出的（2019）苏02刑更2635号对罪犯陈某平予以假释的刑事裁定。

【法官后语】

本案是人民检察院根据《中华人民共和国刑事诉讼法》第二百七十四条，向人民法院提出纠正不当减刑、假释裁定的书面意见后，人民法院重新组成合议庭，按照“确有错误”的标准审查原减刑、假释裁定，并作出最终裁定。

本案中，检察机关提出纠正不当假释裁定最主要的理由是罪犯陈某平没有退赃，对此，我们认为财产性判项应以生效裁判文书判决主文为依据。理由是：根据《最高人民法院关于适用〈中华人民共和国刑事诉讼法〉的解释》第四百五十一条“罪犯积极履行判决确定的义务的，可以认定有悔改表现，在减刑、假释时从宽掌握”以及《最高人民法院关于办理减刑、假释案件具体应用法律的规定》第二十七条“对于生效裁判中有财产性判项，罪犯确有履行能力而不履行或者不全部履行的，不予假释”的规定，人民法院在办理假释案件时对财产性判项的审查应以生效刑事裁判文书主文确定内容为限，不能做扩大认定。本案所涉刑事判决主文并未判决陈某平退赃退赔，对于罪犯陈某平而言，其并不知道自己有退赃退赔的法定义务，也无从履行该义务。因此检察机关关于“虽然生效的刑事判决书中未有退赃退赔的判项，但并不能免除罪犯陈某平退赃退赔的法定义务。罪犯陈某平有退赃退赔的义务，应视作生效判决中有该财产性判项”的意见，缺乏法律依据，不能采纳。当然，如果原刑事判决书通过再审程序增加退赃退赔这一判项的，仍然可以通过刑事追赃程序处理。

编写人：江苏省无锡市中级人民法院　姜丽丽

三、刑事证据

42

低龄未成年被害人陈述的采信

——吴某彪猥亵儿童案

【案件基本信息】

1. 裁判书字号

福建省厦门市中级人民法院（2018）闽02刑终738号刑事裁定书

2. 案由：猥亵儿童罪

【基本案情】

2017年1月21日至24日，被告人吴某彪受邀至其表姐钟某琴位于厦门市海沧区的家中居住。2017年1月23日或24日上午，被告人吴某彪趁其表姐钟某琴、表姐夫林甲上班之机，将钟某琴女儿林某（2010年8月27日出生）哄骗至房间床上，让林某趴在床上玩平板电脑，之后将林某裤子脱至脚踝处，趴在林某身上，对其进行猥亵。同年2月2日晚，被害人林某将此事告知其奶奶王某英。次日，王某英带林某到厦门市海沧区嵩屿街道社区卫生服务中心就诊。经医生检查后确认，林某的外阴小阴唇与处女膜之间黏膜局部较红，未见明显裂口及渗血。

2017年2月28日，被害人林某的父亲林甲和舅舅钟某亮一起驾车至广东省中医院找被告人吴某彪了解情况。三人来到停放在该院地下停车场的林甲车内后，林甲坐在驾驶座并将车门反锁、被告人吴某彪坐在驾驶座的后面、钟某亮坐在吴某彪旁边。林甲告知被告人吴某彪被害人林某的就医情况及被害人林某已指认吴某彪

"用被子捂在她身上，亲她脸，亲她肚子"等，要求吴某彪讲明猥亵被害人林某的经过并道歉，钟某亮在旁劝说吴某彪承认错误。之后，被告人吴某彪承认其猥亵被害人林某，并请求林甲给其留余地、让其改过自新，表示愿意支付所有费用，林甲让被告人吴某彪返回办公室写保证书和道歉信。后吴某彪再次下楼到停车场与林甲、钟某亮见面，吴某彪否认猥亵被害人林某，林甲要求吴某彪写下其在林甲家中居住期间的生活支出费用的欠条，并称要对其报案追究。被告人吴某彪与林甲、钟某亮因此发生口角，后林甲、钟某亮驾车离开。

2017年3月6日18时许，被害人林某在其母亲钟某琴的陪同下到公安机关报案。2017年3月16日，被告人吴某彪在广州市越秀区广东省中医院被民警抓获。缴获的物证手机1部随案移送。

【案件焦点】

言词证据"一对一"情况下，低龄未成年被害人的陈述能否作为本案的定罪依据。

【法院裁判要旨】

福建省厦门市海沧区人民法院经审理认为：

一、关于被害人陈述的认定

经查，本案侦查人员在办案中确实存在一些程序瑕疵，如对被害人林某的第一次询问调查时没有女工作人员在场的情形，属瑕疵证据，应予指正，但不属以刑讯逼供和以威胁、引诱、欺骗以及其他非法方法收集的非法证据，不应予以排除。另外，因被害人系幼女，年龄较小，侦查人员采用较为简单、直白、平易的询问方式对其调查，后在笔录中予以归纳整理的方式制作调查笔录，且内容没有超出被害人陈述，并由其法定代理人帮助阅读确认无误后签字，不存在违法询问和诱供，其陈述笔录内容客观真实，可以采纳作为定案证据。

二、关于林甲提供的谈话录音等能否作为证据采纳

经查，结合谈话录音、短信记录、微信聊天记录等视听资料、电子数据以及证人林甲、钟某亮的证人证言、被告人吴某彪的供述等证据，可证明林甲、钟某亮在车内并未对被告人吴某彪进行严重威胁或暴力胁迫、并未达到威胁被告人吴某彪的人身安全的程度，但车内相对狭小、密闭的空间能给被告人吴某彪在精神上造成一

定的紧张感，故而使被告人吴某彪在不知已被录音的情况下作出未经修饰、有些吞吞吐吐、语句不太通顺的本能的真实意思表示。该组谈话录音等视听资料符合证据的客观性、真实性和合法性要求，并经法庭举证、质证，予以采纳作为定案依据。

三、被告人吴某彪是否构成猥亵儿童罪

经查，在案证据能形成证据链，足以证明被告人吴某彪猥亵被害人林某的事实。(1) 被害人林某的稳定陈述一直指认被告人吴某彪在其家中与其独处时，有用热热的东西顶在其尿尿的地方。(2) 被害人的母亲钟某琴、父亲林甲、奶奶王某英等人的证人证言佐证了被害人的陈述。(3) 证人潘某钦的证人证言客观、清晰，能够佐证被害人的陈述，证明被害人林某能正常交流，清楚男女性别体征的不同及其受伤部位。(4) 案发前双方关系融洽且较为亲密、无任何矛盾过节，不存在栽赃陷害、胡乱诬陷的情形。(5) 被告人吴某彪在2017年2月28日与证人林甲、钟某亮在车内谈话时，承认其猥亵被害人林某，并请求林甲给其留余地、让其改过自新，表示愿意支付所有费用，同时承认其在1月24日早上有与被害人林某独处。事后被告人吴某彪否认猥亵被害人并录音、夸大被威胁等情形进行法律咨询、讯问时拒不认罪等均可进一步反证被告人吴某彪具备一定反侦察能力，存在避重就轻、逃避法律处罚的主观心理。综上所述，被害人林某的陈述与证人林甲、钟某亮、潘某钦等证人的证言，被害人林某厦门市卫生系统门诊病历等证据可以相互印证，并有被告人吴某彪的谈话录音内容、短信记录、微信聊天记录等证据可以佐证，证据指向一致，可以形成完整证据锁链，足以证明被告人吴某彪对被害人林某实施强制猥亵的事实。

综上，被告人吴某彪以哄骗的方法强制猥亵儿童，其行为已构成猥亵儿童罪。公诉机关指控的罪名成立。依照《中华人民共和国刑法》第二百三十七条、第六十四条之规定，判决如下：

一、被告人吴某彪犯猥亵儿童罪，判处有期徒刑二年；

二、扣押在案的手机1部依法予以没收，留作证据保存。

【法官后语】

本案系涉未成年被害人案件，被告人归案后拒不认罪，而案发时被害人系6岁幼女，存在言词证据“一对一”的情况，故低龄未成年被害人的陈述能否作为本案的定罪依据成为本案的关键。

因猥亵儿童案件具有的案发地点相对私密、案发现场多仅有被告人与未成年被害人、无目击证人、被害人年纪偏小、熟人作案居多、作案手段简单隐蔽、被告人多拒不认罪或先供后翻等特点，故而事后公安机关侦查取证难度大，未成年被害人作为案件的亲历者，其陈述能否被采信作为定案证据成为审理该类案件的重点之一。关于未成年人言词证据的相关规定散见于刑诉法等相关法律中：根据刑事诉讼法第六十二条规定，凡是知道案件情况的人，都有作证的义务。生理上、精神上有缺陷或者年幼，不能辨别是非、不能正确表达的人，不能作证人。《刑事诉讼法》第二百八十一条规定，询问未成年被害人应当通知其法定代理人或者其他成年亲属到场。到场的法定代理人可以代为行使未成年被害人的诉讼权利。到场的法定代理人或者其他人员认为办案人员在讯问、审判中侵犯未成年人合法权益的，可以提出意见。可见，对于低龄未成年被害人陈述的采信须符合以下条件：

一是具备提供言词证据的基本条件。即待证事实与其年龄、智力状况、精神健康状况等相适应，未成年被害人具备感知、记忆和表达的能力，能够理解相关问题并能以与其年龄、心智相符合的语言表达方式作出如实、清楚地回答。审查未成年被害人的陈述是否有效，不应单纯考虑未成年被害人的年龄，而应该综合考虑其感知、记忆和表达能力，只要符合相关条件，任何年龄段的儿童的言词证据都可能成为定案证据。

二是能够排除合理怀疑。未成年被害人作为案件的亲历者，其真实意思表示的客观陈述系案件的关键证据。低龄未成年被害人的陈述虽逻辑性较弱、细节描述不够确切，但真实性往往较高，过度修饰、夸大捏造的可能性较小。甄别未成年被害人陈述的真实性，要审查其所作的陈述是否与其年龄、智力状况相适应，是否符合该年龄段的语言习惯特点。低龄未成年被害人陈述中如有对细节描述不够确切，系受其年幼、对事物认知、理解不够成熟、稳定等客观局限的影响，不能因此否定被害人陈述的证明效力。

三是综合全案证据，能否相互印证形成证据链。未成年被害人的陈述作为案件的主要证据之一，在确保其客观性、真实性、违法性无异议的情况下，还需综合全案的其他证据，做到证据间能够相互印证，达到事实清楚、证据确实充分的要求。

本案中，关于被害人林某的陈述这一证据的审查主要分为程序上和实质内容上两部分。首先，关于询问未成年被害人的相关程序性问题是否影响该陈述的证据效力。本案侦查人员在办案中确实存在一些程序瑕疵，如对被害人林某的第一次询问调查时没有女工作人员在场的情形，属瑕疵证据，应予指正，但不属以刑讯逼供和以威胁、引诱、欺骗以及其他非法方法收集的非法证据，不应予以排除。同时，因被害人系幼女，年龄较小，侦查人员采用较为简单、直白、平易的询问方式对其进行调查，后在笔录中予以归纳整理的方式制作调查笔录，且内容没有超出被害人陈述，并由其法定代理人帮助阅读确认无误后签字，不存在违法询问和诱供，其陈述笔录内容客观真实，可以采纳作为定案证据。其次，关于低龄被害人林某的陈述是否是其真实意思表示等。被害人林某的稳定陈述一直指认被告人吴某彪在其家中与其独处时，有用热热的东西顶在其尿尿的地方。被害人林某作为小学一年级学生，有良好的认知、辨别、表达能力，有明确的性别意识和性别区分认识。其关于"彪彪叔叔将一个热热的东西顶在我尿尿的地方"的陈述，与其年龄、基本认知等相符合，不属于刑诉法规定的生理上、精神上有缺陷的年幼不能正确表达的情形。其作为案件直接亲历者，对被告人的犯罪经过以及自己的受害情况有切身的体会，事后能将何时、何地、被谁、以何种方式猥亵等大致经过用自己的语言清晰、具体、客观、稳定地表达出来，但鉴于被害人年幼，其认知能力与成人有别，加之案发数天后其才向奶奶回忆自己被猥亵的经过，其陈述中关于被猥亵时裤子被脱到什么位置、是否有脱内裤等细节，未能完全准确亦合乎常理；且通过同步录音录像可证实其陈述时均有监护人在场，被害人林某神情自然、回答自如，询问过程严格按照法律规定、履行办案程序且如实记录，不存在恐吓、诱供等行为，侦查机关取证程序合法，其陈述的可信度较高。被害人林某能清楚、稳定地描述事情的经过，正确回答侦查人员的提问，言语表述符合其年龄特点，陈述笔录内容未超出被害人表述的意思范围，被害人林某的陈述具有合法性，内容真实可信，可采信作为定案证据使用。最后，全案证据能够形成证据链，足以证明被告人吴某彪猥亵被害人林某的事实：被害人林某的陈述与证人林甲、钟某亮、潘某钦等证人的证言，被害人林某的厦门市卫生系统门诊病历等证据可以相互印证，并有被告人吴某彪的谈话录音内容、短信记录、微信聊天记录等证据可以佐证，证据指向一致，可以形成完整证据锁链，足以证明被告人吴某彪对被害人林某实施强制猥亵的事实。公诉机关指控的罪名成立。

编写人：福建省厦门市海沧区人民法院　陈军晖　王欣

43

“零口供”可以定罪

——陆某林、王某泉贩卖毒品案

【案件基本信息】

1. 裁判书字号

福建省晋江市人民法院（2019）闽0582刑初414号刑事判决书

2. 案由：贩卖毒品罪

【基本案情】

2018年9月10日，被告人陆某林通过微信与陈某联系，欲将一包净重106.56g的毒品甲基苯丙胺（冰毒）以人民币55000元的价格贩卖给陈某。被告人陆某林将交易地点定在晋江市陈埭镇紫峰中心小学附近，并通过微信发送位置给陈某。当天21时许，被告人王某泉驾驶一辆白色大众两厢汽车载被告人陆某林至晋江市陈埭镇涵口村双龙东路某店面门口，被告人陆某林下车将该包用黄色塑料袋装的甲基苯丙胺放置在该店面门口垃圾桶后面地上，后与陈某联系进行交易，被告人王某泉负责望风。后公安机关现场抓获被告人陆某林，当场查获并扣押一包甲基苯丙胺及一部银色苹果6美版手机。案发后，查获的毒品经泉州市公安局物证鉴定所检验，送检检材检出毒品甲基苯丙胺，含量为48.19%。

【案件焦点】

1. 被告人陆某林否认贩卖毒品，否认现场查获的毒品为其所有，只是诈骗并非贩毒；2. 被告人王某泉主观上是否明知是毒品及是否有望风行为。

【法院裁判要旨】

福建省晋江市人民法院经审理认为：被告人陆某林在侦查阶段供述存在多处矛盾：（1）与陈某联系先称要还钱给陈某，后称要诈骗陈某；（2）称打出租车到案发地点，但案发现场监控视频及王某泉供述均证实系王某泉开车送其到案发地点；（3）称陈某定的交易地点为陈埭镇紫峰中心小学，但王某泉供述、陈某证言及微信聊天记录证实是陆某林定的交易地点并发送位置给陈某；（4）称王某泉没有参与，但王某泉侦查阶段六次供述均证实有看到陆某林藏东西在垃圾桶下面，其中前五次均供述陆某林有让其帮忙留意不要被人拿走；（5）否认垃圾桶处查获的毒品为其所有，又承认有在垃圾桶处拿东西给陈某看，其称系随便指的白白的东西，以为是垃圾，但从监控视频看该垃圾桶旁有几个快餐盒，而毒品藏在垃圾桶后方，若随便指也应该是一眼可见的快餐盒而非垃圾桶后方的毒品。综上，可证实陆某林将黄色塑料袋装的毒品藏于垃圾桶处，后带陈某过来验货后又放回原处。

被告人王某泉供述陆某林和晋江买家交易数量、价格、地点等细节，与证人潘某鸿、陈某的证言、通话记录相互印证，足以认定王某泉事先知道陆某林欲以55000元将106.56g毒品贩卖给陈某。另现场监控视频及辨认笔录证实，案发地点为新建小区，二楼店面未装修无照明，被告人王某泉在藏毒垃圾桶附近停留长达十分钟左右，两次上二楼查看，且在陆某林被抓时快速逃离现场，其行为明显系望风。

贩卖毒品系行为犯，本案毒品已进入实际交易状态，没有完成毒品交付并不影响对被告人贩卖毒品罪既遂的认定。在共同犯罪中，被告人陆某林起主要、主导作用，系主犯；被告人王某泉仅开车送陆某林到交易地点后帮忙望风，并非毒品交易的一方主体，居于从属地位，起辅助作用，是从犯。福建省晋江市人民法院判决：

一、被告人陆某林犯贩卖毒品罪，判处有期徒刑十五年，并处没收财产人民币2万元；

二、被告人王某泉犯贩卖毒品罪，判处有期徒刑九年，并处罚金人民币1万元。

【法官后语】

毒品犯罪对社会危害性极大，我国一直都着力打击此类犯罪，但是随着媒体信息的快速传播，毒品犯罪的犯罪分子日益狡猾，其反侦察的能力不断提高，给打击此类犯罪增加了一定的难度。尤其是贩卖毒品罪，由于该类犯罪具有较强的隐蔽性，所以除现场抓获外，被告人多数是“零口供”或是当庭翻供的情况。

根据刑事诉讼法第五十五条的规定，对一切案件的判处都要重证据，重调查研究，不轻信口供。只有被告人供述，没有其他证据的，不能认定被告人有罪和处以刑罚；没有被告人供述，证据确实、充分的，可以认定被告人有罪和处以刑罚。

本案中，被告人陆某林具有极强的反侦察意识，通过安排人望风、“人货分离”，加之其对贩卖毒品的犯罪事实拒不供认，系“零口供”，被告人王某泉也翻供，因此如何通过口供之外的一系列客观证据形成证据体系定案就十分关键。认定“主观上明知”，不能仅凭被告人供述，应当依据被告人实施毒品犯罪行为的过程、方式、毒品被查获时的情形等证据，综合分析判断。经审理查明，检察机关指控被告人陆某林、王某泉贩卖毒品有相关证人证言、聊天记录、辨认笔录、监控视频以及被告人王某泉未翻供前的几次供述等其他证据支持。合议庭通过分析被告人陆某林、王某泉的辩解、审查各证据间的关联性，尤其注意对相互矛盾证据的重点审查，从而推翻该二人未贩卖毒品的辩解。

当前毒品交易已经逐渐打破传统“面对面”的交易方式，进而以“毒资打卡、毒资转账”“抛毒捡拾、藏毒捡拾”等人货分离、钱货分离等不见面方式完成交易，因此，实务中也应更重视电子证据、监控视频等客观证据在定罪量刑中的作用。同时，由于毒品犯罪案件具有的隐秘性、一对一证据难以收集的特点，也宜确定较其他犯罪较低的证明标准，并适用推定原则，以便对此类危害大、证据难以收集的特殊犯罪予以打击。当有两名以上证人证言或同案其他被告人供述时，只要对毒品来源、数量、交易时间、地点、对象表述一致的，可认定毒品的归属。

不轻信口供，但是也不因为没有口供而放纵犯罪，对被告人判处刑罚严格遵循以事实为依据、以法律为准绳的原则。拒不供述自己的犯罪事实，心存侥幸，无悔罪表现的犯罪分子，终将受到法律的严惩。

编写人：福建省晋江市人民法院　陈瑜滨

44

一方未进行酒精检测的交通事故认定书的采信

——张某仔交通肇事案

【案件基本信息】

1. 裁判书字号

福建省厦门市中级人民法院（2019）闽02刑终17号刑事附带民事裁定书

2. 案由：交通肇事罪

【基本案情】

2017年12月30日17时许，被告人张某仔驾驶闽DB××××号大货车沿厦门市海沧区孚莲路由北往南行驶，行至海沧区东孚镇汤岸立交桥路段欲变更车道右拐弯出孚莲路往海翔大道匝道处时，与同向直行由被害人宁某驾驶的无号牌两轮轻便摩托车发生碰撞，造成宁某被碾压致死的交通事故。经责任认定，被告人张某仔应负本事故全部责任；被害人宁某不负事故责任。事故发生后，被告人张某仔即打电话报警并在现场等候，如实供述上述主要犯罪事实。

另查明，被害人宁某自2015年5月2日起居住于厦门市海沧区，系厦门市戴尔乐公司的职工。原告人宁国基、申南英系被害人宁某父母，二人育有三子，分别是宁某、宁某元、宁甲元，其中宁甲元已故。被害人宁某配偶宁某梅已故，子女为原告人宁某艳、宁甲。涉案闽DB××××号大货车登记所有人为兴强达公司，在人保厦门分公司投保了交强险和商业三者险。交强险死亡伤残赔偿限额11万元，财产损失赔偿限额2000元，第三者责任保险赔偿限额100万元。交强险死亡伤残赔偿限额11万元，已由人保厦门分公司先行赔付，原告人另从责任方处获得赔偿款5万元。又查明，2017年厦门市城镇居民人均可支配收入为50019元，农村居民人均生活消费支出为17593元，厦门市社会平均工资为6288元/月。

【案件焦点】

特殊情况下未对一方进行酒精检测而出具的交通事故责任认定书能否作为定案证据。

【法院裁判要旨】

福建省厦门市海沧区人民法院经审理认为：

一、关于交通事故认定书能否作为定案依据

被告人张某仔辩解事故认定其负全部责任不当，辩护人提出事故认定书程序违法，认定事实不清，证据不足，责任划分不公，不能作为定案依据的辩护意见。经查，《道路交通事故处理程序规定》第二十五条第二款规定，车辆驾驶人有饮酒或者服用国家管制的精神药品、麻醉药品嫌疑的，公安机关交通管理部门应当按照《道路交通安全违法行为处理程序规定》及时抽血或者提取尿样，送交有检验资格的机构进行检验；车辆驾驶人当场死亡的，应当及时抽血检验。证人宁某、罗某德证言、考勤表、接警单等证明，被害人宁某事发当天正常在单位上班，17时32分打卡下班，17时45分许在回家途中遇交通事故，没有证据表明宁某事发前有饮酒或者服用国家管制的精神药品、麻醉药品嫌疑，且事故导致宁某躯体毁损严重，胸腹内脏碎裂，无法提取到其心血备做乙醇含量化验，客观上没有抽血检验的条件，本案未对被害人宁某抽血检验不违反交通事故处理的法定程序。厦门市公安局海沧分局交警大队综合现场图、现场勘查笔录、现场照片、证人证言、鉴定意见等证据，分析事故形成的原因及当事人过错，认定当事人责任，在证据收集、过错分析、送达告知等方面符合《道路交通事故处理程序规定》的要求。事故责任划分的依据是当事人各自的过错行为与结果之间的原因力大小，是过错的程度大小，交警大队对被害人宁某无证驾驶及被告人张某仔驾驶的大货车超载、大货车灯光系不符合安全标准等行为进行了分析，认为上述行为与事故发生没有直接因果关系。结合全案证据，事故认定书确认张某仔驾驶车辆右转弯出道路时未注意观察前方道路情况确保安全行驶是导致事故发生的根本过错，负事故的全部责任无并不当，可以作为本案定罪量刑的证据。被告人相关辩解和辩护人相关辩护意见，不符合案件事实及相关法律规定，不予采纳。

二、关于附带民事赔偿

附带民事诉讼原告人的经济损失确认如下：（1）丧葬费，2017年厦门市社会平均工资 6288 元/月 * 6 个月 = 37728 元，可予支持。（2）死亡赔偿金，2017 年厦门市城镇居民人均可支配收入 50019 元/年 * 20 年 = 1000380 元，交强险已赔偿 11 万元，还应赔偿 890380 元。（3）精神抚慰金，精神损失不属于刑事附带民事诉讼的受案范围，原告人在刑事附带民事诉讼中提出该项诉讼请求，没有法律依据，不予支持。（4）受害人亲属办理丧葬事宜支出的交通费、误工费、住宿费等各项费用，原告主张 8501.6 元，在合理范围内且被告方未提出异议，可予支持。（5）被扶养人生活费，原告人宁某基、申某均已年逾 80 岁且系粮农，确有抚养必要，被扶养人生活费为 2017 年厦门市农村居民人均生活消费支出 17593 元/年 * 5 年 ÷ 2 人 * 2 人 = 87965 元。（6）车辆损失，被害人宁某驾驶的电动二轮车在事故中受损严重，原告人提供了购车凭证，人保厦门分公司亦核定财产损失为 2000 元，原告主张车损 2000 元，可予支持。原、被告方当庭确认原告人已收到责任方赔偿款 5 万元，应予扣除。综上，附带民事诉讼原告人因被害人宁某死亡尚未获赔的经济损失为 976574.6 元。附带民事诉讼被告单位兴强达公司经合法传唤拒不到庭，也未提交书面答辩状，视为放弃抗辩权利。附带民事诉讼被告单位人保厦门分公司应先在交强险财产损失责任限额范围内赔偿原告人 2000 元。涉案车辆已年检，人保厦门分公司主张检验不合格不予以赔偿的意见，不予采纳。涉案车辆超载，根据保险合同商业三者险免赔 10%，可予采纳，人保厦门分公司应赔偿原告人商业三者险 90 万元。被告人张某仔因重大过失致人损害，其与兴强达公司应承担连带赔偿责任，共同赔偿原告人 74574.6 元。

综上，被告人张某仔违反交通运输管理法规，因而发生重大事故，致一人死亡并负事故全部责任，其行为已构成交通肇事罪。公诉机关指控的罪名成立。被告人张某仔主动投案，如实供述主要犯罪事实，系自首，依法可以从轻处罚。被告人张某仔的交通肇事行为造成被害人宁某死亡，被告人张某仔、附带民事诉讼被告单位兴强达公司、人保厦门分公司依法应承担相应的赔偿责任。依照《中华人民共和国刑法》第一百三十三条、第六十七条第一款、第三十六条第一款、《中华人民共和国刑事诉讼法》第一百零一条第一款，《中华人民共和国民事诉讼法》第一百四十四条，《中华人民共和国侵权责任法》第六条第一款、第十六条，《最高人民法院关于适用〈中华人民共和国刑事诉讼法〉的解释》第一百五十五条第一款、第二款及《最高人民法院关于审理人身损害赔偿案件适用法律若干问题的解释》第十七条第三款、第二十七条、第二十八条、第二十九条之规定，判决如下：

一、被告人张某仔犯交通肇事罪，判处有期徒刑一年二个月；

二、附带民事诉讼被告单位某保险公司厦门市分公司应于本判决生效之日起十日内赔偿附带民事诉讼原告人宁某基、申某、宁某艳、宁甲经济损失人民币902000元；

三、被告人张某仔与附带民事诉讼被告单位兴强达公司应于本判决生效之日起十日内连带赔偿附带民事诉讼原告人宁某基、申某、宁某艳、宁甲经济损失人民币74574.6元；

四、驳回附带民事诉讼原告人宁某基、申某、宁某艳、宁甲的其他诉讼请求。

一审后被告人张某仔提起上诉，福建省厦门市中级人民法院依照《中华人民共和国刑事诉讼法》第二百三十六条第一款第一项、《中华人民共和国民事诉讼法》第一百七十条第一款第一项，以及《最高人民法院关于适用〈中华人民共和国刑事诉讼法〉的解释》第一百六十三条的规定，裁定如下：驳回上诉，维持原判。

【法官后语】

交通肇事案件中，公安机关在进行责任认定时一般应对各方同时进行酒精检测，特殊情况下未对一方进行酒精检测而出具的交通事故责任认定书能否作为定案证据系本案的争议焦点。

交通事故认定是根据过错认定原则确定当事人行为在事故中所起作用程度的技术认定。在认定交通事故责任时，公安机关交通管理部门应当根据交通事故当事人有因果关系的行为在事故中的所起的作用及过错的严重程度来确定当事人的责任。根据《道路交通事故处理程序规定》第二十五条第二款规定，车辆驾驶人有饮酒或者服用国家管制的精神药品、麻醉药品嫌疑的，公安机关交通管理部门应当按照《道路交通安全违法行为处理程序规定》及时抽血或者提取尿样，送交有检验资格的机构进行检验；车辆驾驶人当场死亡的，应当及时抽血检验。可见，公安机关在进行责任认定时一般应对各方同时进行酒精检测，那么未对各方均进行酒精检测的事故认定是否当然无效，应综合以下几个方面进行判断：

一是事故认定事实依据的客观、真实。认定意见应当是在对案发现场情况进行实事求是的分析后得出的，所依据的事实真实可靠，因果关系符合逻辑及常理。

二是事故认定内容与在案其他证据证实内容一致。认定书所记载内容与证人证言、被告人供述、被害人的陈述、现场勘察笔录和车辆技术检验报告等能相互印证，合理排除疑点。

三是事故认定的程序合法、适用交通法规正确。事故认定书载明的适用法条准确，事故责任认定程序依法按规定程序进行。

四是未对其中一方进行的酒精检测是否必需、是否具有检测的可能性。如有明确证据表明当事人不存在饮酒可能，或事故现场客观上已不具备酒精检测采样的可能性，则不应因未对一方进行酒测而当然否定事故责任认定的有效性。

本案即属于有明确证据表明当事人不存在饮酒可能且事故现场客观上已不具备酒精检测采样可能性的情形，该事故责任认定不应因未对一方进行酒测而被否定其证据效力：处警民警在现场处理时对被告人张某仔及时进行了酒精呼气检测，证实处警民警已严格依照法定程序处理本起交通事故，但因事故现场客观条件限制，被害人宁某躯体严重毁损，胸腹内脏碎裂，无法提取到其心血备做乙醇含量化验，客观上没有抽血检验的条件，本案未对被害人宁某抽血检验不违反交通事故处理的法定程序，办案交警部门出具了相应的情况说明。证人宁甲、罗某证言、考勤表、接警单等证明，被害人宁某事发当天正常在单位上班，17 时 32 分打卡下班，17 时 45 分许在回家途中遇交通事故，没有证据表明宁某事发前有饮酒或者服用国家管制的精神药品、麻醉药品嫌疑。厦门市公安局海沧分局交警大队综合现场图、现场勘查笔录、现场照片、证人证言、鉴定意见等证据，分析事故形成的原因及当事人过错，认定当事人责任，在证据收集、过错分析、送达告知等方面符合《道路交通事故处理程序规定》的要求。事故责任划分的依据是当事人各自的过错行为与结果之间的原因力大小，是过错的程度大小，交警大队对被害人宁某无证驾驶及被告人张某仔驾驶的大货车超载、大货车灯光系不符合安全标准等行为进行了分析，认为上述行为与事故发生没有直接因果关系。结合全案证据，事故认定书确认张某仔驾驶车辆右转弯出道路时未注意观察前方道路情况确保安全行驶是导致事故发生的根本过错，负事故的全部责任并无不当，可以作为本案定罪量刑的证据。

编写人：福建省厦门市海沧区人民法院　牟燕　王欣

45

对伪造借据以捏造夫妻共同债务的理解与适用

——罗某霞虚假诉讼案

【案件基本信息】

1. 裁判书字号

广东省广州市中级人民法院（2019）粤01刑终1088号刑事裁定书

2. 案由：虚假诉讼罪

【基本案情】

2013年2月，罗某霞明知何某杰与杨某珍进行离婚诉讼，为使何某杰在离婚财产分割上获得更多利益，与何某杰一起虚构何某杰向其借款的事实，提供虚假证据，向广州市从化区人民法院提起民事诉讼，要求何某杰、华航公司及杨某珍共同归还其“借款”人民币370万元本金及相关利息，并提供了虚构的“借据”及相关银行转账记录。罗某霞后于2014年5月20日向法院申请撤回起诉。2016年6月，何某杰与杨某珍离婚后财产分割纠纷审理终结，何某杰应补偿杨某珍现金人民币7412085.38元等。在杨某珍向法院申请强制执行期间，罗某霞再次以相同理由和诉讼请求起诉要求何某杰、华航公司及杨某珍偿还借款。在本案立案侦查后，何某杰通过银行转账方式将370万元转入罗某霞账户，罗某霞以此为由再次向法院申请撤诉，后广州市从化区人民法院以该案涉嫌虚假诉讼已移送公安机关侦查为由，裁定不准许罗某霞撤诉，并驳回罗某霞的起诉。该裁定现已发生法律效力。罗某霞于2017年12月18日向广州市公安局从化区分局新城派出所投案。

【案件焦点】

罗某霞与何某杰均否认有捏造债权债务，如何根据在案证据予以认定。

【法院裁判要旨】

广东省广州市增城区人民法院经审理认为：首先，根据民事庭审笔录、何某杰供述、罗某霞供述等证据，证实罗某霞与何某杰对2011年8月19日借据中51万元现金借款以及2011年10月19日借据中100万元现金借款的交付地点、现场是否有人、借据书写地点、时间等借款细节的陈述前后不一，存在多处矛盾。罗某霞与何某杰对该二笔款项用途的陈述，与银行明细清单亦无法相互印证，且只有他们双方确认借贷关系，无其他证据予以佐证。罗某霞亦未能提供其借款时有大量现金的证据，且大额现金借贷，没有任何支付凭证，与交易习惯和生活常理不符。何某杰亦供述其在民事诉讼庭审中作了虚假陈述，称该二张借据是事后签订的，其供述与司法鉴定意见书能互相印证。故足以认定罗某霞与何某杰伪造上述借据，捏造虚假债权债务关系的事实。

其次，关于罗某霞供述借款给何某杰120万元的事实，虽然该笔借款有转账记录，但罗某霞提交法院用于证明借款事实的对应银行流水，并不是原始凭证记录，大额借款借款人在借款时不掌握任何借款凭证不符合常理。何某杰收到该款项后，随即分批提取现金出来，该行为不符合何某杰一贯交易习惯，且何某杰对该款项去向、用途未作出合理说明。故罗某霞和何某杰的上述行为均有悖常理，则说明双方之间的借贷关系非真实。

再次，何某杰在本案立案侦查后即通过银行转账方式将370万元转给罗某霞，罗某霞对收到该笔款项的处理多次作出不同供述。根据银行明细清单，该笔款项由何某杰外甥李某祺转出，最终该笔款项中300万元又转入李某祺账户中，且李某祺对该笔大额款项形成和流向均无法作出合理说明。该款项在本案立案侦查后即“归还”，明显是为了逃避法律责任，并不是真实的还款行为。

最后，罗某霞在第一次撤诉后并没有取回借据原件，对于借据原件去向其至今仍不清楚。罗某霞作为具有正常思维、有社会阅历的成年人，在大额借款出借后竟然对主要借款凭证借据原件去向漠不关心，明显有悖于常理。罗某霞分别在何某杰与杨某珍离婚诉讼期间以及财产分割后杨某珍申请执行期间，二次向法院提出诉讼，其目的明显是使何某杰在与杨某珍财产分割过程中获得更多利益。

综上，广东省广州市增城区人民法院依照《中华人民共和国刑法》第三百零七条之一、第五十二条、第五十三条，判决如下：

被告人罗某霞犯虚假诉讼罪，判处有期徒刑一年四个月，并处罚金人民币2万元。

宣判后，罗某霞以其不构成犯罪为由，提起上诉。广州市中级人民法院同意一审法院裁判意见，裁定：驳回上诉，维持原判。

【法官后语】

虚假诉讼罪系刑法修正案（九）所增设的罪名，后最高人民法院、最高人民检察院就该罪发布了《关于办理虚假诉讼刑事案件适用法律若干问题的解释》。虚假诉讼罪属于故意犯罪，要求行为人在客观上具有以捏造的事实提起民事诉讼，并造成妨害司法秩序或者严重侵害他人合法权益的后果。现结合本案具体分析如下：

一、犯罪动机

本案罗某霞与何某杰是叔嫂关系，在何某杰与杨某珍离婚诉讼及财产分割后杨某珍申请执行期间，二次向法院提出诉讼，其目的明显是使何某杰在与杨某珍财产分割过程中获得更多利益。

二、罗某霞及何某杰案发时经济能力

根据本案证据，何某杰、杨某珍夫妻双方的财产主要登记于何某杰名下或由何某杰经营的公司使用。同时何某杰在罗某霞主张的借贷存续期间资产丰厚，夫妻共同财产约2000多万元。反观罗某霞名下持有11套房屋及车位（其中1套与何某堂共有），但有7套已抵押银行或已被法院查封，并在2015年11月6日，罗某霞向中国工商银行广东省分行营业部借款240万元。因此可以看出何某杰在案发时不存在借款并承担高额利息的必要，且罗某霞有大量债务，并没有出借大额借款的能力。

三、所谓"债权债务"存要诸多不符合常理之处

1. 两人对借据书写地点、时间等借款细节的供述存在多处矛盾，陈述前后不一。

2. 涉案三张借据的落款均只有何某杰的签名，没有何某杰妻子杨某珍的签名。

3. 罗某霞与何某杰对借款用途的陈述，与银行明细清单无法相互印证。

4. 关于借款利息的支付只有借贷双方确认而无任何其他证据证明，且每月分别高达43000元的利息，双方称是通过现金支付，未使用转账方式支付。

5. 借据原件归还问题。罗某霞借据原件在第一次起诉时被法院收取，但其撤诉后并没有要求法院归还原件，目前借据原件仍在第一次民事诉讼案卷中。罗某霞第二次起诉是根据复印件起诉的，在何某杰于2017年6月转账370万元后，罗某

霞亦没有要求法院归还原件。

6. 罗某霞提交法院用于证明第三张借据所对应的银行流水该转账凭证，系在2016年12月26日借款后才打印的，并非在借款时打印作为转账凭证。

7. 罗某霞于2013年第一次提出民事诉讼时，在笔迹鉴定结果出来后，罗某霞在没有取得何某杰任何书面还款承诺、同期另有何某堂起诉何某杰要求还款820万元、关某标起诉何某杰要求还款100万元，债务人身负巨债有不能还款之虞的情况下，罗某霞还向法院申请撤诉。

8. 罗某霞、何某杰与杨某珍离婚后财产纠纷于2016年5月4日生效，但在2016年4月30日，何某杰向罗某霞等人出具还款承诺书，承诺在2016年5月30日前还清370万元。罗某霞据此于同年8月9日再次向法院起诉。

9. 何某杰在本案立案侦查后即通过银行转账方式“还款”370万元给罗某霞，根据银行明细清单，该笔款项由何某杰外甥及其公司员工李某祺转出，最终该笔款项中300万元又转入李某祺账户中。

综上，可以证实罗某霞与何某杰恶意串通，为使何某杰在与杨某珍财产分割过程中获得更多利益，捏造夫妻共同债务，两次向法院提起不真实的民事诉讼，意图侵害夫妻相对方合法权益，并耗费大量司法资源，干扰正常司法活动，妨害司法秩序，其行为已构成虚假诉讼罪。

在司法实践中，尤其是涉及离婚后财产分割的案件，夫妻一方伙同他人伪造借据、银行流水等证据，以此捏造夫妻共同债务，意图侵害夫妻相对方合法权益的情况屡见不鲜，这也是我国刑法增加虚假诉讼罪的立法背景之一。在该类型犯罪中，是否已妨害司法秩序、是否已严重侵害他人合法权益相对容易判断，而难点在于判断行为人是否与夫妻一方恶意串通、是否有捏造夫妻共同债务的行为。一般情况下，行为人与夫妻一方具有特殊关系，如父母、亲属和朋友等。正是基于这种关系，两人能订立攻守同盟，“补强”伪造债务、捏造事实所需要的各种证据，达到以假乱真的程度，导致案件审理难度增大，如此就要求我们结合个人情况、交易习惯和公众认知，如债务在借款期间的财产状况、借款用途及实际用途、根据银行流水查看资金流向等，并需要纵观全案进行分析，作出合理判断，以在打击虚假诉讼行为的同时，亦要保护好案外人的合法债权。

编写人：广东省广州市增城区人民法院　陈艾菁　何达威

四、程序及其他

46

被告人违法所得应该首先责令退赔给受害人

——向某权等人强迫劳动案

【案件基本信息】

1. 裁判书字号

湖南省湘西土家族苗族自治州中级人民法院（2019）湘31刑终325号刑事附带民事判决书

2. 案由：强迫劳动罪

【基本案情】

20世纪90年代初到2018年，被告人向某权为了获取非法利益，长年骗残障智障人员刘某勇等十多人到自己家里无偿劳动，打长工。被告人阳某英（向某权之妻）、吴某菊负责监工。这些被害人主要做农活，栽烟、种菜等工作，如没有按照要求劳动，就会遭到被告人打骂。在2017年和2018年10月、11月期间，被告人还带这些残障人在重庆市秀山县某矿区为矿老板捶矿。这些被害人在为向某权家劳动时没有人身自由，没有工资报酬。为防止被害人逃跑，被告人平常将这些被害人全部挤在向某权家烤房里睡，面积不足7平方米，室内空气污浊，气味刺鼻。被害人垫的、盖的就是几床烂棉絮。在烤房门外还用一根木根从外顶着，有时还派人在外守着门。向某权强迫这些被害人劳动非法所得达59万余元。向某权为了掩盖其强迫他人劳动的犯罪事实，在村里及对上级乡镇政府、相关职能部门均宣称自己是在做慈善事业，收留流浪的残疾人，还以此为理由向乡镇政府及民政部门申请困难救助，得到了棉被、衣服、大米等物质。在与村民发生纠纷时，向某权经常以自己大儿子在“混”社会或以叫“长年”（本案被害人）打人不犯法相威胁。

公诉机关认为，被告人以暴力、威胁和限制人身自由的方法强迫他人劳动，应当以强迫劳动罪追究其刑事责任。被告人以家庭为单位在保靖县清水坪镇某村长时间、多次强迫多名残疾人为其劳动，以获取非法利益。该恶势力团伙为非作恶、欺压百姓，造成恶劣社会影响。

被告人及其辩护人对公诉机关指控的罪名没有异议。辩护人认为本案不应认定为恶势力犯罪，有扩大化表现。

附带民事诉讼原告人刘某勇诉请判令被告人支付原告人劳动报酬 43.2 万元（以 200/天为标准，从 2013 年 1 月 1 日计算至 2018 年 12 月 1 日）及精神损害抚慰金 30 万元。

【案件焦点】

1. 对被告人违法所得，是在追缴后上缴国库，还是责令退赔；2. 仅有部分被害人诉请被告人承担民事责任时，人民法院能否直接判决。

【法院裁判要旨】

湖南省保靖县人民法院经审理认为：应当以强迫劳动罪追究三被告人刑事责任。该三人的行为特征、组织特征、危害性特征均符合恶势力团伙犯罪。犯罪分子违法所得的一切财物，依法应当予以追缴，责令退赃。原告人刘某勇要求被告人支付劳动报酬及精神抚慰金的诉讼请求，不属于人民法院受理刑事附带民事诉讼的范围。该院作出（2019）湘 3125 刑初 133 号刑事判决：

一、向某权犯强迫劳动罪，判处有期徒刑六年，并处罚金人民币 8 万元；

二、阳某英犯强迫劳动罪，判处有期徒刑三年，并处罚金人民币 5 万元；

三、吴某菊犯强迫劳动罪，判处有期徒刑二年，并处罚金人民币 1 万元；

四、向某权、阳某英非法所得 596688.67 元（含保靖县公安机关扣押向某权 222773.12 元）非法所得予以追缴，上缴国库。该院作出同案号刑事附带民事裁定：驳回刘某勇的起诉。

刘某勇上诉称：被告人的行为严重侵害了其人格权，应承担侵权责任，赔偿其损失。三被告人上诉请求从轻处罚或者改判缓刑。

湖南省湘西土家族苗族自治州中级人民法院经审理认为：向某权等被告人的上诉理由不能成立。原审根据各被告人的犯罪事实、量刑情节以及对社会的危害程度，在法定刑幅度内作出的判决，符合法律规定。原审判决将向某权、阳某英非法所得予以追缴符合法律规定，但上缴国库不当。应当将追缴的违法所得退赔给被害人。湖南省湘西土家族苗族自治州中级人民法院作出（2019）湘31刑终325号刑事附带民事判决：

一、维持（2019）湘3125刑初133号刑事附带民事裁定；

二、维持（2019）湘3125刑初133号刑事判决第一项、第二项、第三项；

三、撤销（2019）湘3125刑初133号刑事判决第四项；

四、被告人向某权、阳某英非法所得596688.67元非法所得予以追缴，退赔被害人。

【法官后语】

本案三被告人的犯罪行为令人发指。本案侦破后，在互联网上引起广大群众极大的震撼和愤怒。对被告人从重处罚，完全正确。

本案值得探讨的却是对被害人提起的刑事附带民事诉讼的处理。一审法院裁定驳回原告人的起诉，二审驳回原告人的上诉，表面上处理结果一样，实际上另有玄机。

一、犯罪分子违法所得系掠取于被害人，应该首先尽可能退赔给被害人

依照《中华人民共和国刑法》第六十四条的规定，犯罪分子违法所得的一切财物，应当予以追缴或者责令退赔。对犯罪分子违法所得，予以追缴或者责令退赔，一般来说都是合法的。但是，本案被告人向某权、阳某英的违法所得，系被害人被欺骗、引诱到其家中，并遭非法拘禁、辱骂、殴打、虐待等手段被强迫劳动，是被害人的血汗钱。在这里，被害人损失与犯罪分子违法所得之间呈现出直接因果关系。

《中华人民共和国刑法》第一条开宗明义地表述道："为了惩罚犯罪，保护人民，根据宪法……制定本法。"据此，刑事诉讼中，"打击犯罪"与"保护人民"应该等量齐观。还应认为，"打击犯罪"是为了"保护人民"，"保护人民"更有利

于“打击犯罪”。从这一理念出发，应当坚持：对追缴的犯罪分子违法所得，首先尽可能退赔给被害人；只有在没有具体的被害人或者违法所得超过被害人损失的，才能将违法所得的全部或者差额部分上缴国库。

二、仅有部分被害人诉请被告人承担民事责任时，人民法院不宜直接判决

首先，本案一审法院裁定驳回原告人（被害人）起诉的裁判理由不完全成立。本案被害人损失与犯罪分子违法所得之间呈现出直接因果关系。原告人的诉求，至少部分是要求被告人承担赔偿经济损失责任，是“责令退赔”责任的另一种表述方式，当然属于刑事附带民事赔偿范围。

其次，因仅有部分被害人诉请被告人承担民事责任，人民法院不宜直接判决。本案被告人的违法所得系掠取于全部被害人，而非部分或者某个被害人。可以确认的是，本案追缴的被告人违法所得，不足以完全赔偿全体被害人根据法定标准及具体情况所计算的全部经济损失。本案如果直接判决被告人赔偿，势必损害了还没有提起诉讼的其他被害人的利益，造成或者激化新的矛盾。

最后，本案比照“参与分配”模式，才能依法、妥善解决被告人对全体被害人直接损失的赔偿问题。

三、人民法院在裁定驳回起诉时，应该明确告知原告人（被害人）对赔偿问题另行处理

因为当时其他被害人没有参与本案诉讼，对其经济损失情况无法确定。二审法院一方面表述应当将追缴的违法所得退赔给被害人，另一方面却只撤销原审刑事判决第四项，确认将被告人向某权、阳某英非法所得596688.67元非法所得予以追缴退赔被害人，没有进一步对如何退赔作出处理，是当时唯一可行的做法。但二审法院应该在裁判理由部分，明确告知原告人（被害人）对赔偿问题另行处理。

二审法院没有明确告知原告人（被害人）对赔偿问题另行处理，是其明显不足。在此应该明确指出。

编写人：湖南省湘西土家族苗族自治州中级人民法院　胡基厚

47

精神活性物质所致精神障碍者犯罪应承担刑事责任

——杨某故意杀人案

【案件基本信息】

1. 裁判书字号

最高人民法院（2019）最高法刑核21123220号刑事裁定书

2. 案由：故意杀人罪

【基本案情】

被告人杨某，1987年出生，曾因犯故意伤害罪被判处有期徒刑二年，2016年10月刑满释放。杨某自2008年吸食毒品，于2010年出现精神病性症状，但未进行系统性治疗。杨某明知系因吸食毒品造成精神疾病，仍然吸食毒品。2017年9月1日晚，杨某在自家房间里睡觉时，感到心情烦躁，产生杀人念头。杨某从家里拿了一把杀猪刀，拿了一件衣服包上杀猪刀出了门。杨某沿着公路来到某镇政府旁边的巷子，碰到出门倒垃圾的被害人张某珍，并与其擦身而过。杨某走到巷子深处，发现四周漆黑便转身向外走，见张某珍又迎面走来。杨某扯开包裹刀子的衣服，持刀朝张某珍的腹部捅去。张某珍中刀后大声叫喊。杨某抽出刀逃离。逃跑时，杨某将刀和包裹刀子的衣服扔到路边。次日下午，民警在杨某家中将其抓获。9月5日，张某珍因抢救无效死亡。湖南省芙蓉司法鉴定中心司法鉴定意见书证明：杨某诊断为精神活性物质所致精神障碍，作案时处于精神活性物质所致精神障碍发病期，目前有诉讼能力。

杨某父亲后来证明：杨某之前吸食冰毒，2012年或2013年患上了精神病，在湘西州精神病院检查过，是间歇性的，平时发病了会有暴力倾向，会打人，不发病时候和正常人一样。2017年以来一直没有给杨某买药。以前给杨某买药治疗时都要守着他吃，不然他就不吃，说自己没病。杨某是2010年左右吸毒吸多了，脑壳吸坏了，这样才得的精神病。案发那几天杨某精神状态比较好，没有发病，也没有其他异常表现。其和杨某均与被害人无任何矛盾。

公诉机关认为，应当以故意杀人罪追究被告人杨某刑事责任。被告人杨某对指控的证据、事实不持异议，但辩称其有精神病，无法控制自己的行为。其辩护人提出：案发时被告人处于病发状态，不需要负刑事责任。

鉴定人李某某在诉讼中证明：杨某的精神活性物质所致精神障碍，能否治愈要因人而异，有些人能治愈，有些人不能治愈，但如果还吸毒的话，肯定不能治愈。精神活性物质所致精神障碍者是指吸食毒品以后所致精神障碍者。

【案件焦点】

被告人作案时处于精神活性物质所致精神障碍发病期，但有诉讼能力。对被告人应否免于承担刑事责任，或者应该从轻、减轻或者免于刑事处罚。

【法院裁判要旨】

湖南省湘西土家族苗族自治州中级人民法院经审理认为：被告人杨某作案前动机明确，想杀人，准备了作案工具；作案时选择无灯光地点；作案后丢弃作案工具；在民警将其抓获时，明确要求民警将其有精神病的病历本一并带走。故可认定其具有控制和辨认能力，湖南省芙蓉司法鉴定中心鉴定意见也认定其具备诉讼能力。被告人主张的其有精神病，不能控制自己的行为的辩解理由不能成立。根据湖南省芙蓉司法鉴定中心鉴定意见及鉴定人李某某出具的证言可以认定，杨某为精神活性物质所致精神障碍，作案时处于精神活性物质所致精神障碍发病期，目前具有诉讼能力，且杨某所患精神疾病系其吸毒所致，杨某在案发前一个月仍然在吸食毒品，根据其父亲证言及杨某供述，杨某在患病后并未进行过系统治疗，并对服药治疗持抗拒态度，其对吸毒可能引发精神病持放任态度，其在精神活性物质所致精神障碍发病期所实施的行为应认定为原因自由行为，应当对发生的损害后果承担刑事责任。辩护人主张的杨某作案时系精神病发病期，无需承担刑事责任的辩护意见不能成立。被告人行为构成故意杀人罪，且系累犯，依法应当从重处罚。湖南省湘西土家族苗族自治州中级人民法院作出（2018）湘 31 刑初 23 号刑事附带民事判决：

一、被告人杨某犯故意杀人罪，判处死刑，剥夺政治权利终身；

二、被告人杨某赔偿附带民事诉讼原告人李某某 1 经济损失人民币 95212.43 元；

三、驳回李某某 1 的其他诉讼请求。

被告人杨某不服该判决，提起上诉。

湖南省高级人民法院经审理认为，并特别指出：杨某虽能如实供述犯罪事实，但其滥杀无辜，其人身危险性极大，社会影响极其恶劣，不足以对其从轻处罚。该院作出（2019）湘刑终 30 号刑事裁定：驳回上诉，维持原判。并对被告人杨某的死刑判决依法报请最高人民法院核准。

最高人民法院 2019 年 12 月 15 日作出刑事裁定：核准对杨某的死刑判决，并下达执行死刑命令。

【法官后语】

类似本案的案件虽不多见，但呈逐渐增多趋势。应该承认，本案被告人在实施犯罪行为时处于精神障碍状态，但未完全丧失辨认或者控制自己行为能力。罪刑法定原则是必须遵守的刑法基本原则。对于本案情形如何处理，《中华人民共和国刑法》及相关司法解释均没有明确、具体的规定。因此，有必要适当展开分析。

一、本案不属于刑法规定的行为人不负刑事责任的情形

根据刑法规定，不负刑事责任的法定情形只有四种：一是行为人实施刑法规定的犯罪行为时尚未达到刑事责任年龄。二是精神病人在不能辨认或者不能控制自己行为时造成危害结果，经法定程序鉴定确认的。三是正当防卫。四是紧急避险。从立法原意看，刑法第十八条规定精神病人在不能辨认或者不能控制自己行为时造成危害结果不负刑事责任，应限于非因行为人积极追求精神病（直接故意）或者对自己行为可能引发精神病持放任态度（间接故意）的情形。易言之，行为人对自己行为可能导致自己患上精神病呈现为直接故意或者间接故意态度，结果在精神障碍状态下实施犯罪行为的，不属于刑法第十八条规定的精神病人不负刑事责任的情形。

二、本案应该比照适用刑法第十八条第四款关于醉酒人犯罪的规定

本案被告人在实施犯罪行为时处于精神障碍状态，致使辨认或者控制自己行为能力减弱。但这完全是因为被告人在吸毒患病后并未进行过系统治疗，并对服药治疗持抗拒态度，其对吸毒可能引发精神病完全是持放任态度所致。质言之，被告人对自己吸毒行为可能导致患上精神病、处于精神障碍状态的结果，持直接故意或者间接故意态度，且被告人吸毒行为与其患上精神病、犯罪时处于精神障碍状的结果

之间，呈现出明显的法律上因果关系。这与被告人因醉酒后出现神智异常而犯罪，形式上、外观上非常相似，但本案被告人对此的主观恶性更为恶劣，法律上因果关系更为明显。举重以明轻。既然被告人因醉酒后出现神智异常而犯罪的依法应该负刑事责任，那么本案被告人对因自己吸毒行为所致精神障碍状态下的犯罪行为，更应该负刑事责任。在此，我们绝不能割裂被告人吸毒——被告人患上精神活性物质所致精神障碍——被告人犯罪这三者之间的法律上的因果关系，这是必须反复强调的。

三、吸食毒品行为本身是违法行为，吸毒人不能因此获得刑法上利益

吸食毒品行为目前虽非犯罪行为，但应该受到拘留、罚款等治安处罚，因而是一种典型的违法行为。如果认为被告人对自己吸毒行为导致自己患上精神病（精神障碍），进而在精神障碍状态下实施犯罪行为的，应免于承担刑事责任，或者应从轻、减轻或者免于刑事处罚，就是让本身明显违法吸毒人因此获得刑法上的利益。这实质上是在鼓励吸食毒品的违法行为，就是在保护因吸食毒品而犯罪的被告人！这明显违背了任何人不能从自己违法犯罪行为中获得利益的基本法理和社会共识，当然是错误的。

四、被告人对吸毒可能引发精神病持放任态度，主观恶性大

对此，一、二审裁判理由部分都有详述。二审刑事裁定书还特别指出了这一点。

编写人：湖南省湘西土家族苗族自治州中级人民法院　胡基厚

48

不负刑事责任的精神病人身份不明情形下的强制医疗程序

——石某霸强制医疗案

【案件基本信息】

1. 裁判书字号

江苏省无锡市滨湖区人民法院（2019）苏0211刑医1号强制医疗决定书

2. 案由：强制医疗

【基本案情】

江苏省无锡市滨湖区人民法院经公开开庭审理查明：2018年2月，被申请人石某霸（自报）经救助后入住无锡市救助管理站位于无锡市第六人民医院三楼的救助托养点，与石某霸同住的人员为无名氏（本案死者）及另一名男子。2018年5月17日22时53分许，被申请人石某霸在上述托养点房间内，来到无名氏的床边，使用腰带缠绕无名氏的颈部，并采用脚踩、膝盖顶等方式压住无名氏的背部，无名氏反抗后摔到地上，石某霸继续骑跨在无名氏的背部，并继续勒其颈部，后又将被子盖在无名氏的脸部，并反复坐在被子上，致无名氏死亡。事发后，石某霸在上述托养点的房间内被公安机关抓获，后被公安机关采取临时保护性约束措施。

经无锡市精神卫生中心司法鉴定所鉴定，被申请人石某霸患有未特定的精神障碍，在本案中无刑事责任能力。

2018年12月26日，无锡市滨湖区人民检察院向无锡市滨湖区人民法院申请对被申请人石某霸强制医疗。

【案件焦点】

不负刑事责任的精神病人身份不明情形下的强制医疗程序如何进行。

【法院裁判要旨】

江苏省无锡市滨湖区人民法院经审理认为：被申请人石某霸实施暴力行为，致一人死亡，严重危害公民人身安全，经法定程序鉴定，被申请人石某霸属依法不负刑事责任的精神病人，有继续危害社会的可能，符合强制医疗条件，有必要对其予以强制医疗。无锡市滨湖区人民检察院申请对被申请人石某霸强制医疗的事实清楚，证据确实充分，符合相关法律规定，应予采纳。诉讼代理人关于被申请人石某霸符合强制医疗条件的意见，应予以采纳。

江苏省无锡市滨湖区人民法院依照《中华人民共和国刑法》第十八条第一款和《中华人民共和国刑事诉讼法》第三百零三条之规定，决定：对被申请人石某霸强制医疗。

强制医疗决定作出后，无锡市滨湖区人民法院于五日内向公安机关送达了强制医疗决定书和强制医疗执行通知书，公安机关已将被申请人石某霸送交强制医疗，被申请人石某霸及其法定代理人未就强制医疗决定书向上一级人民法院申请复议。

【法官后语】

强制医疗程序是我国刑事诉讼法在2012年3月修改后作为新增的一章进入我国刑事诉讼特别程序的，主要目的是解决实施暴力行为危害公共安全或者严重危害公民人身安全，且有继续危害社会可能的，但经法定程序鉴定依法不负刑事责任的精神病人的后续监管问题。因强制医疗程序的被申请人系不负刑事责任的精神病人，具有一定的特殊性，该程序也进行了特殊规定：其中关于庭审部分，强制医疗程序并不要求被申请人必须到庭，除要求审理人民检察院申请的强制医疗案件应当会见被申请人外，法律及司法解释要求审理该类案件时，应当通知被申请人的法定代理人到场，且应在被申请人没有委托诉讼代理人时应当通知法律援助机构指派律师担任其诉讼代理人。在本案中，因被申请人石某霸住所地与身份不明，如何确定其法定代理人成为了本案强制医疗程序中的主要难点。

在我国刑事诉讼法及司法解释中，并未对被申请人身份不明时的法定代理人如何确定作出相关规定，仅在未成年人刑事诉讼程序中规定，如未成年人的法定代理人无法通知、不能到场或者是共犯的，也可以通知未成年被害人的其他成年亲属、所在学校、单位、居住地的基层组织或者未成年保护组织的代表到场。在本案中，如比照未成年人的处理方式，因被申请人石某霸的身份不明，故其成年亲属、所在学校、单位或居住地均无法确定，而被申请人石某霸的现居住地系收养场所，该地的基层组织对被申请人完全不了解且无法定义务，由基层组织派代表到场并不合适。

综上所述，在刑事法律中无法找到相关的规定对身份不明的人强制医疗程序中的法定代理人进行确定，且也没有类似的规定可以进行比照适用时，应当回归其本身的法律定义。法定代理人是指根据法律规定在当事人不具有诉讼行为能力时，代理该当时直接行使诉讼代理权的人。一般而言，该法定代理人应当是该无诉讼能力人的监护人，也就是说应当厘清被申请人石某霸的监护人才能确定其法定代理人。而监护人这一法律概念是在我国民法总则中进行规定的。根据我国民法总则第三十二条规定：“没有依法具有监护资格的人的，监护人由民政部门担任，也可以由具备履行监护职责条件的被监护人住所地的居民委员会、村民委员会担任。”由此可见，被申请人石某霸的监护人应当由民政部门担任，在本案中其并没有明确的住所地，故只能由审理法院所在地的民政部门担任其监护人，因民政部门本身并非自然人，故本案强制医疗程序中的被申请人石某霸的法定代理人只能由民政部门派员到场担任。

编写人：江苏省无锡市滨湖区人民法院　严子浩

附录：

中华人民共和国刑法修正案（十一）

（2020年12月26日第十三届全国人民代表大会常务委员会第二十四次会议通过）

一、将刑法第十七条修改为："已满十六周岁的人犯罪，应当负刑事责任。

"已满十四周岁不满十六周岁的人，犯故意杀人、故意伤害致人重伤或者死亡、强奸、抢劫、贩卖毒品、放火、爆炸、投放危险物质罪的，应当负刑事责任。

"已满十二周岁不满十四周岁的人，犯故意杀人、故意伤害罪，致人死亡或者以特别残忍手段致人重伤造成严重残疾，情节恶劣，经最高人民检察院核准追诉的，应当负刑事责任。

"对依照前三款规定追究刑事责任的不满十八周岁的人，应当从轻或者减轻处罚。

"因不满十六周岁不予刑事处罚的，责令其父母或者其他监护人加以管教；在必要的时候，依法进行专门矫治教育。"

二、在刑法第一百三十三条之一后增加一条，作为第一百三十三条之二："对行驶中的公共交通工具的驾驶人员使用暴力或者抢控驾驶操纵装置，干扰公共交通工具正常行驶，危及公共安全的，处一年以下有期徒刑、拘役或者管制，并处或者单处罚金。

"前款规定的驾驶人员在行驶的公共交通工具上擅离职守，与他人互殴或者殴打他人，危及公共安全的，依照前款的规定处罚。

"有前两款行为，同时构成其他犯罪的，依照处罚较重的规定定罪处罚。"

三、将刑法第一百三十四条第二款修改为："强令他人违章冒险作业，或者明知存在重大事故隐患而不排除，仍冒险组织作业，因而发生重大伤亡事故或者造成其他严重后果的，处五年以下有期徒刑或者拘役；情节特别恶劣的，处五年以上有期徒刑。"

四、在刑法第一百三十四条后增加一条，作为第一百三十四条之一：“在生产、作业中违反有关安全管理的规定，有下列情形之一，具有发生重大伤亡事故或者其他严重后果的现实危险的，处一年以下有期徒刑、拘役或者管制：

“（一）关闭、破坏直接关系生产安全的监控、报警、防护、救生设备、设施，或者篡改、隐瞒、销毁其相关数据、信息的；

“（二）因存在重大事故隐患被依法责令停产停业、停止施工、停止使用有关设备、设施、场所或者立即采取排除危险的整改措施，而拒不执行的；

“（三）涉及安全生产的事项未经依法批准或者许可，擅自从事矿山开采、金属冶炼、建筑施工，以及危险物品生产、经营、储存等高度危险的生产作业活动的。”

五、将刑法第一百四十一条修改为：“生产、销售假药的，处三年以下有期徒刑或者拘役，并处罚金；对人体健康造成严重危害或者有其他严重情节的，处三年以上十年以下有期徒刑，并处罚金；致人死亡或者有其他特别严重情节的，处十年以上有期徒刑、无期徒刑或者死刑，并处罚金或者没收财产。

“药品使用单位的人员明知是假药而提供给他人使用的，依照前款的规定处罚。”

六、将刑法第一百四十二条修改为：“生产、销售劣药，对人体健康造成严重危害的，处三年以上十年以下有期徒刑，并处罚金；后果特别严重的，处十年以上有期徒刑或者无期徒刑，并处罚金或者没收财产。

“药品使用单位的人员明知是劣药而提供给他人使用的，依照前款的规定处罚。”

七、在刑法第一百四十二条后增加一条，作为第一百四十二条之一：“违反药品管理法规，有下列情形之一，足以严重危害人体健康的，处三年以下有期徒刑或者拘役，并处或者单处罚金；对人体健康造成严重危害或者有其他严重情节的，处三年以上七年以下有期徒刑，并处罚金：

“（一）生产、销售国务院药品监督管理部门禁止使用的药品的；

“（二）未取得药品相关批准证明文件生产、进口药品或者明知是上述药品而销售的；

“（三）药品申请注册中提供虚假的证明、数据、资料、样品或者采取其他欺骗手段的；

“（四）编造生产、检验记录的。

“有前款行为，同时又构成本法第一百四十一条、第一百四十二条规定之罪或者其他犯罪的，依照处罚较重的规定定罪处罚。”

八、将刑法第一百六十条修改为：“在招股说明书、认股书、公司、企业债券募集办法等发行文件中隐瞒重要事实或者编造重大虚假内容，发行股票或者公司、企业债券、存托凭证或者国务院依法认定的其他证券，数额巨大、后果严重或者有其他严重情节的，处五年以下有期徒刑或者拘役，并处或者单处罚金；数额特别巨大、后果特别严重或者有其他特别严重情节的，处五年以上有期徒刑，并处罚金。

“控股股东、实际控制人组织、指使实施前款行为的，处五年以下有期徒刑或者拘役，并处或者单处非法募集资金金额百分之二十以上一倍以下罚金；数额特别巨大、后果特别严重或者有其他特别严重情节的，处五年以上有期徒刑，并处非法募集资金金额百分之二十以上一倍以下罚金。

“单位犯前两款罪的，对单位判处非法募集资金金额百分之二十以上一倍以下罚金，并对其直接负责的主管人员和其他直接责任人员，依照第一款的规定处罚。”

九、将刑法第一百六十一条修改为：“依法负有信息披露义务的公司、企业向股东和社会公众提供虚假的或者隐瞒重要事实的财务会计报告，或者对依法应当披露的其他重要信息不按照规定披露，严重损害股东或者其他人利益，或者有其他严重情节的，对其直接负责的主管人员和其他直接责任人员，处五年以下有期徒刑或者拘役，并处或者单处罚金；情节特别严重的，处五年以上十年以下有期徒刑，并处罚金。

“前款规定的公司、企业的控股股东、实际控制人实施或者组织、指使实施前款行为的，或者隐瞒相关事项导致前款规定的情形发生的，依照前款的规定处罚。

“犯前款罪的控股股东、实际控制人是单位的，对单位判处罚金，并对其直接负责的主管人员和其他直接责任人员，依照第一款的规定处罚。”

十、将刑法第一百六十三条第一款修改为：“公司、企业或者其他单位的工作人员，利用职务上的便利，索取他人财物或者非法收受他人财物，为他人谋取利益，数额较大的，处三年以下有期徒刑或者拘役，并处罚金；数额巨大或者有其他严重情节的，处三年以上十年以下有期徒刑，并处罚金；数额特别巨大或者有其他特别严重情节的，处十年以上有期徒刑或者无期徒刑，并处罚金。”

十一、将刑法第一百七十五条之一第一款修改为：“以欺骗手段取得银行或者其他金融机构贷款、票据承兑、信用证、保函等，给银行或者其他金融机构造成重大损失的，处三年以下有期徒刑或者拘役，并处或者单处罚金；给银行或者其他金融机构造成特别重大损失或者有其他特别严重情节的，处三年以上七年以下有期徒刑，并处罚金。”

十二、将刑法第一百七十六条修改为：“非法吸收公众存款或者变相吸收公众存款，扰乱金融秩序的，处三年以下有期徒刑或者拘役，并处或者单处罚金；数额巨大或者有其他严重情节的，处三年以上十年以下有期徒刑，并处罚金；数额特别巨大或者有其他特别严重情节的，处十年以上有期徒刑，并处罚金。

“单位犯前款罪的，对单位判处罚金，并对其直接负责的主管人员和其他直接责任人员，依照前款的规定处罚。

“有前两款行为，在提起公诉前积极退赃退赔，减少损害结果发生的，可以从轻或者减轻处罚。”

十三、将刑法第一百八十二条第一款修改为：“有下列情形之一，操纵证券、期货市场，影响证券、期货交易价格或者证券、期货交易量，情节严重的，处五年以下有期徒刑或者拘役，并处或者单处罚金；情节特别严重的，处五年以上十年以下有期徒刑，并处罚金：

“（一）单独或者合谋，集中资金优势、持股或者持仓优势或者利用信息优势联合或者连续买卖的；

“（二）与他人串通，以事先约定的时间、价格和方式相互进行证券、期货交易的；

“（三）在自己实际控制的帐户之间进行证券交易，或者以自己为交易对象，自买自卖期货合约的；

“（四）不以成交为目的，频繁或者大量申报买入、卖出证券、期货合约并撤销申报的；

“（五）利用虚假或者不确定的重大信息，诱导投资者进行证券、期货交易的；

“（六）对证券、证券发行人、期货交易标的公开作出评价、预测或者投资建议，同时进行反向证券交易或者相关期货交易的；

“（七）以其他方法操纵证券、期货市场的。”

十四、将刑法第一百九十一条修改为：“为掩饰、隐瞒毒品犯罪、黑社会性质的组织犯罪、恐怖活动犯罪、走私犯罪、贪污贿赂犯罪、破坏金融管理秩序犯罪、金融诈骗犯罪的所得及其产生的收益的来源和性质，有下列行为之一的，没收实施以上犯罪的所得及其产生的收益，处五年以下有期徒刑或者拘役，并处或者单处罚金；情节严重的，处五年以上十年以下有期徒刑，并处罚金：

“（一）提供资金帐户的；

“（二）将财产转换为现金、金融票据、有价证券的；

“（三）通过转帐或者其他支付结算方式转移资金的；

“（四）跨境转移资产的；

“（五）以其他方法掩饰、隐瞒犯罪所得及其收益的来源和性质的。

“单位犯前款罪的，对单位判处罚金，并对其直接负责的主管人员和其他直接责任人员，依照前款的规定处罚。”

十五、将刑法第一百九十二条修改为：“以非法占有为目的，使用诈骗方法非法集资，数额较大的，处三年以上七年以下有期徒刑，并处罚金；数额巨大或者有其他严重情节的，处七年以上有期徒刑或者无期徒刑，并处罚金或者没收财产。

“单位犯前款罪的，对单位判处罚金，并对其直接负责的主管人员和其他直接责任人员，依照前款的规定处罚。”

十六、将刑法第二百条修改为：“单位犯本节第一百九十四条、第一百九十五条规定之罪的，对单位判处罚金，并对其直接负责的主管人员和其他直接责任人员，处五年以下有期徒刑或者拘役，可以并处罚金；数额巨大或者有其他严重情节的，处五年以上十年以下有期徒刑，并处罚金；数额特别巨大或者有其他特别严重情节的，处十年以上有期徒刑或者无期徒州，并处罚金。”

十七、将刑法第二百一十三条修改为：“未经注册商标所有人许可，在同一种商品、服务上使用与其注册商标相同的商标，情节严重的，处三年以下有期徒刑，并处或者单处罚金；情节特别严重的，处三年以上十年以下有期徒刑，并处罚金。”

十八、将刑法第二百一十四条修改为：“销售明知是假冒注册商标的商品，违法所得数额较大或者有其他严重情节的，处三年以下有期徒刑，并处或者单处罚金；违法所得数额巨大或者有其他特别严重情节的，处三年以上十年以下有期徒刑，并处罚金。”

十九、将刑法第二百一十五条修改为：“伪造、擅自制造他人注册商标标识或者销售伪造、擅自制造的注册商标标识，情节严重的，处三年以下有期徒刑，并处或者单处罚金；情节特别严重的，处三年以上十年以下有期徒刑，并处罚金。”

二十、将刑法第二百一十七条修改为：“以营利为目的，有下列侵犯著作权或者与著作权有关的权利的情形之一，违法所得数额较大或者有其他严重情节的，处三年以下有期徒刑，并处或者单处罚金；违法所得数额巨大或者有其他特别严重情节的，处三年以上十年以下有期徒刑，并处罚金：

“（一）未经著作权人许可，复制发行、通过信息网络向公众传播其文字作品、音乐、美术、视听作品、计算机软件及法律、行政法规规定的其他作品的；

“（二）出版他人享有专有出版权的图书的；

“（三）未经录音录像制作者许可，复制发行、通过信息网络向公众传播其制作的录音录像的；

“（四）未经表演者许可，复制发行录有其表演的录音录像制品，或者通过信息网络向公众传播其表演的；

“（五）制作、出售假冒他人署名的美术作品的；

“（六）未经著作权人或者与著作权有关的权利人许可，故意避开或者破坏权利人为其作品、录音录像制品等采取的保护著作权或者与著作权有关的权利的技术措施的。”

二十一、将刑法第二百一十八条修改为：“以营利为目的，销售明知是本法第二百一十七条规定的侵权复制品，违法所得数额巨大或者有其他严重情节的，处五年以下有期徒刑，并处或者单处罚金。”

二十二、将刑法第二百一十九条修改为：“有下列侵犯商业秘密行为之一，情节严重的，处三年以下有期徒刑，并处或者单处罚金；情节特别严重的，处三年以上十年以下有期徒刑，并处罚金：

“（一）以盗窃、贿赂、欺诈、胁迫、电子侵入或者其他不正当手段获取权利人的商业秘密的；

“（二）披露、使用或者允许他人使用以前项手段获取的权利人的商业秘密的；

“（三）违反保密义务或者违反权利人有关保守商业秘密的要求，披露、使用或者允许他人使用其所掌握的商业秘密的。

“明知前款所列行为，获取、披露、使用或者允许他人使用该商业秘密的，以侵犯商业秘密论。

“本条所称权利人，是指商业秘密的所有人和经商业秘密所有人许可的商业秘密使用人。”

二十三、在刑法第二百一十九条后增加一条，作为第二百一十九条之一：“为境外的机构、组织、人员窃取、刺探、收买、非法提供商业秘密的，处五年以下有期徒刑，并处或者单处罚金；情节严重的，处五年以上有期徒刑，并处罚金。”

二十四、将刑法第二百二十条修改为：“单位犯本节第二百一十三条至第二百一十九条之一规定之罪的，对单位判处罚金，并对其直接负责的主管人员和其他直接责任人员，依照本节各该条的规定处罚。”

二十五、将刑法第二百二十九条修改为：“承担资产评估、验资、验证、会计、审计、法律服务、保荐、安全评价、环境影响评价、环境监测等职责的中介组织的人员故意提供虚假证明文件，情节严重的，处五年以下有期徒刑或者拘役，并处罚金；有下列情形之一的，处五年以上十年以下有期徒刑，并处罚金：

“（一）提供与证券发行相关的虚假的资产评估、会计、审计、法律服务、保荐等证明文件，情节特别严重的；

“（二）提供与重大资产交易相关的虚假的资产评估、会计、审计等证明文件，情节特别严重的；

“（三）在涉及公共安全的重大工程、项目中提供虚假的安全评价、环境影响评价等证明文件，致使公共财产、国家和人民利益遭受特别重大损失的。

“有前款行为，同时索取他人财物或者非法收受他人财物构成犯罪的，依照处罚较重的规定定罪处罚。

“第一款规定的人员，严重不负责任，出具的证明文件有重大失实，造成严重后果的，处三年以下有期徒刑或者拘役，并处或者单处罚金。”

二十六、将刑法第二百三十六条修改为：“以暴力、胁迫或者其他手段强奸妇女的，处三年以上十年以下有期徒刑。

“奸淫不满十四周岁的幼女的，以强奸论，从重处罚。

“强奸妇女、奸淫幼女，有下列情形之一的，处十年以上有期徒刑、无期徒刑或者死刑：

“（一）强奸妇女、奸淫幼女情节恶劣的；

“（二）强奸妇女、奸淫幼女多人的；

“（三）在公共场所当众强奸妇女、奸淫幼女的；

“（四）二人以上轮奸的；

“（五）奸淫不满十周岁的幼女或者造成幼女伤害的；

“（六）致使被害人重伤、死亡或者造成其他严重后果的。”

二十七、在刑法第二百三十六条后增加一条，作为第二百三十六条之一：“对已满十四周岁不满十六周岁的未成年女性负有监护、收养、看护、教育、医疗等特殊职责的人员，与该未成年女性发生性关系的，处三年以下有期徒刑；情节恶劣的，处三年以上十年以下有期徒刑。

“有前款行为，同时又构成本法第二百三十六条规定之罪的，依照处罚较重的规定定罪处罚。”

二十八、将刑法第二百三十七条第三款修改为：“猥亵儿童的，处五年以下有期徒刑；有下列情形之一的，处五年以上有期徒刑：

“（一）猥亵儿童多人或者多次的；

“（二）聚众猥亵儿童的，或者在公共场所当众猥亵儿童，情节恶劣的；

“（三）造成儿童伤害或者其他严重后果的；

“（四）猥亵手段恶劣或者有其他恶劣情节的。”

二十九、将刑法第二百七十一条第一款修改为：“公司、企业或者其他单位的工作人员，利用职务上的便利，将本单位财物非法占为己有，数额较大的，处三年以下有期徒刑或者拘役，并处罚金；数额巨大的，处三年以上十年以下有期徒刑，并处罚金；数额特别巨大的，处十年以上有期徒刑或者无期徒刑，并处罚金。”

三十、将刑法第二百七十二条修改为：“公司、企业或者其他单位的工作人员，利用职务上的便利，挪用本单位资金归个人使用或者借贷给他人，数额较大、超过三个月未还的，或者虽未超过三个月，但数额较大、进行营利活动的，或者进行非法活动的，处三年以下有期徒刑或者拘役；挪用本单位资金数额巨大的，处三年以上七年以下有期徒刑；数额特别巨大的，处七年以上有期徒刑。

“国有公司、企业或者其他国有单位中从事公务的人员和国有公司、企业或者其他国有单位委派到非国有公司、企业以及其他单位从事公务的人员有前款行为的，依照本法第三百八十四条的规定定罪处罚。

“有第一款行为，在提起公诉前将挪用的资金退还的，可以从轻或者减轻处罚。其中，犯罪较轻的，可以减轻或者免除处罚。”

三十一、将刑法第二百七十七条第五款修改为：“暴力袭击正在依法执行职务的人民警察的，处三年以下有期徒刑、拘役或者管制；使用枪支、管制刀具，或者以驾驶机动车撞击等手段，严重危及其人身安全的，处三年以上七年以下有期徒刑。”

三十二、在刑法第二百八十条之一后增加一条，作为第二百八十条之二：“盗用、冒用他人身份，顶替他人取得的高等学历教育入学资格、公务员录用资格、就业安置待遇的，处三年以下有期徒刑、拘役或者管制，并处罚金。

“组织、指使他人实施前款行为的，依照前款的规定从重处罚。

“国家工作人员有前两款行为，又构成其他犯罪的，依照数罪并罚的规定处罚。”

三十三、在刑法第二百九十一条之一后增加一条，作为第二百九十一条之二：“从建筑物或者其他高空抛掷物品，情节严重的，处一年以下有期徒刑、拘役或者管制，并处或者单处罚金。

“有前款行为，同时构成其他犯罪的，依照处罚较重的规定定罪处罚。”

三十四、在刑法第二百九十三条后增加一条，作为第二百九十三条之一：“有下列情形之一，催收高利放贷等产生的非法债务，情节严重的，处三年以下有期徒刑、拘役或者管制，并处或者单处罚金：

“（一）使用暴力、胁迫方法的；

“（二）限制他人人身自由或者侵入他人住宅的；

“（三）恐吓、跟踪、骚扰他人的。”

三十五、在刑法第二百九十九条后增加一条，作为第二百九十九条之一：“侮辱、诽谤或者以其他方式侵害英雄烈士的名誉、荣誉，损害社会公共利益，情节严重的，处三年以下有期徒刑、拘役、管制或者剥夺政治权利。”

三十六、将刑法第三百零三条修改为："以营利为目的，聚众赌博或者以赌博为业的，处三年以下有期徒刑、拘役或者管制，并处罚金。

"开设赌场的，处五年以下有期徒刑、拘役或者管制，并处罚金；情节严重的，处五年以上十年以下有期徒刑，并处罚金。

"组织中华人民共和国公民参与国（境）外赌博，数额巨大或者有其他严重情节的，依照前款的规定处罚。"

三十七、将刑法第三百三十条第一款修改为："违反传染病防治法的规定，有下列情形之一，引起甲类传染病以及依法确定采取甲类传染病预防、控制措施的传染病传播或者有传播严重危险的，处三年以下有期徒刑或者拘役；后果特别严重的，处三年以上七年以下有期徒刑：

"（一）供水单位供应的饮用水不符合国家规定的卫生标准的；

"（二）拒绝按照疾病预防控制机构提出的卫生要求，对传染病病原体污染的污水、污物、场所和物品进行消毒处理的；

"（三）准许或者纵容传染病病人、病原携带者和疑似传染病病人从事国务院卫生行政部门规定禁止从事的易使该传染病扩散的工作的；

"（四）出售、运输疫区中被传染病病原体污染或者可能被传染病病原体污染的物品，未进行消毒处理的；

"（五）拒绝执行县级以上人民政府、疾病预防控制机构依照传染病防治法提出的预防、控制措施的。"

三十八、在刑法第三百三十四条后增加一条，作为第三百三十四条之一："违反国家有关规定，非法采集我国人类遗传资源或者非法运送、邮寄、携带我国人类遗传资源材料出境，危害公众健康或者社会公共利益，情节严重的，处三年以下有期徒刑、拘役或者管制，并处或者单处罚金；情节特别严重的，处三年以上七年以下有期徒刑，并处罚金。"

三十九、在刑法第三百三十六条后增加一条，作为第三百三十六条之一："将基因编辑、克隆的人类胚胎植入人体或者动物体内，或者将基因编辑、克隆的动物胚胎植入人体内，情节严重的，处三年以下有期徒刑或者拘役，并处罚金；情节特别严重的，处三年以上七年以下有期徒刑，并处罚金。"

四十、将刑法第三百三十八条修改为："违反国家规定，排放、倾倒或者处置有放射性的废物、含传染病病原体的废物、有毒物质或者其他有害物质，严重污染环境的，处三年以下有期徒刑或者拘役，并处或者单处罚金；情节严重的，处三年以上七年以下有期徒刑，并处罚金；有下列情形之一的，处七年以上有期徒刑，并处罚金：

“（一）在饮用水水源保护区、自然保护地核心保护区等依法确定的重点保护区域排放、倾倒、处置有放射性的废物、含传染病病原体的废物、有毒物质，情节特别严重的；

“（二）向国家确定的重要江河、湖泊水域排放、倾倒、处置有放射性的废物、含传染病病原体的废物、有毒物质，情节特别严重的；

“（三）致使大量永久基本农田基本功能丧失或者遭受永久性破坏的；

“（四）致使多人重伤、严重疾病，或者致人严重残疾、死亡的。

“有前款行为，同时构成其他犯罪的，依照处罚较重的规定定罪处罚。”

四十一、在刑法第三百四十一条中增加一款作为第三款：“违反野生动物保护管理法规，以食用为目的非法猎捕、收购、运输、出售第一款规定以外的在野外环境自然生长繁殖的陆生野生动物，情节严重的，依照前款的规定处罚。”

四十二、在刑法第三百四十二条后增加一条，作为第三百四十二条之一：“违反自然保护地管理法规，在国家公园、国家级自然保护区进行开垦、开发活动或者修建建筑物，造成严重后果或者有其他恶劣情节的，处五年以下有期徒刑或者拘役，并处或者单处罚金。

“有前款行为，同时构成其他犯罪的，依照处罚较重的规定定罪处罚。”

四十三、在刑法第三百四十四条后增加一条，作为第三百四十四条之一：“违反国家规定，非法引进、释放或者丢弃外来入侵物种，情节严重的，处三年以下有期徒刑或者拘役，并处或者单处罚金。”

四十四、在刑法第三百五十五条后增加一条，作为第三百五十五条之一：“引诱、教唆、欺骗运动员使用兴奋剂参加国内、国际重大体育竞赛，或者明知运动员参加上述竞赛而向其提供兴奋剂，情节严重的，处三年以下有期徒刑或者拘役，并处罚金。

“组织、强迫运动员使用兴奋剂参加国内、国际重大体育竞赛的，依照前款的规定从重处罚。”

四十五、将刑法第四百零八条之一第一款修改为："负有食品药品安全监督管理职责的国家机关工作人员，滥用职权或者玩忽职守，有下列情形之一，造成严重后果或者有其他严重情节的，处五年以下有期徒刑或者拘役；造成特别严重后果或者有其他特别严重情节的，处五年以上十年以下有期徒刑：

"（一）瞒报、谎报食品安全事故、药品安全事件的；

"（二）对发现的严重食品药品安全违法行为未按规定查处的；

"（三）在药品和特殊食品审批审评过程中，对不符合条件的申请准予许可的；

"（四）依法应当移交司法机关追究刑事责任不移交的；

"（五）有其他滥用职权或者玩忽职守行为的。"

四十六、将刑法第四百三十一条第二款修改为："为境外的机构、组织、人员窃取、刺探、收买、非法提供军事秘密的，处五年以上十年以下有期徒刑；情节严重的，处十年以上有期徒刑、无期徒刑或者死刑。"

四十七、将刑法第四百五十条修改为："本章适用于中国人民解放军的现役军官、文职干部、士兵及具有军籍的学员和中国人民武装警察部队的现役警官、文职干部、士兵及具有军籍的学员以及文职人员、执行军事任务的预备役人员和其他人员。"

四十八、本修正案自2021年3月1日起施行。

图书在版编目（CIP）数据

中国法院2021年度案例．刑事案例．一，犯罪、刑罚的具体运用、证据、程序及其他／国家法官学院，最高人民法院司法案例研究院编．—北京：中国法制出版社，2021.4

ISBN 978-7-5216-1716-0

Ⅰ.①中… Ⅱ.①国…②最… Ⅲ.①刑事犯罪-案例-汇编-中国 Ⅳ.①D920.5

中国版本图书馆CIP数据核字（2021）第045817号

策划编辑：李小草（lixiaocao2008@sina.cn）

责任编辑：韩璐玮　白天园　　封面设计：温培英　李宁

中国法院2021年度案例．刑事案例一

ZHONGGUO FAYUAN 2021 NIANDU ANLI. XINGSHI ANLI YI

编者/国家法官学院，最高人民法院司法案例研究院

经销/新华书店

印刷/三河市紫恒印装有限公司

开本/730毫米×1030毫米　16开　　印张/12.5　字数/165千

版次/2021年4月第1版　　2021年4月第1次印刷

中国法制出版社出版

书号ISBN 978-7-5216-1716-0　　定价：52.00元

北京西单横二条2号

邮政编码100031　　传真：010-66031119

网址：http：//www.zgfzs.com　　**编辑部电话：010-66071862**

市场营销部电话：010-66033393　　**邮购部电话：010-66033288**

（如有印装质量问题，请与本社印务部联系调换。电话：010-66032926）